U0366177

四驱纯电动汽车参数闭环优化与纵-垂综合控制

张俊江　刘孟楠　著

电子工业出版社

Publishing House of Electronics Industry

北京·BEIJING

内 容 简 介

本书以提高电动汽车的能量回收率和乘坐舒适性为目标，开展四驱纯电动汽车参数设计方法、再生制动控制和车辆垂向运动抑制策略等方面的研究，主要包括以下内容：针对车辆设计初期因车辆整备质量未知而造成参数设计困难的问题，提出了一种融合质量闭环算法、动态规划和遗传算法的四驱纯电动汽车参数闭环优化设计方法，从而获得了合适的车辆整备质量和动力系统参数；针对车辆制动过程中的能量高效回收问题，提出了一种融合自适应三次指数预测和两阶段动态规划的预测控制策略，从而提升了车辆的能量回收效率；针对车辆制动过程中的纵向运动会引起车身俯仰运动，进而导致车辆的乘坐舒适性变差的问题，建立考虑制动强度影响的等效动力学半车模型并提出模型预测控制策略，从而提升了车辆的乘坐舒适性；通过建立制动过程中的纵-垂耦合动力学模型并提出一种综合控制策略，同时提高了车辆的能量回收效率和乘坐舒适性；制定电机转矩的测试方案并标定比例减压阀占空比和制动轮缸压力的关系，通过台架试验，验证了上述各种控制策略的有效性。

本书可作为高等院校车辆工程专业的研究生教材，也可作为企业、研究院所从事汽车设计、试验等工程技术人员的参考书。

图书在版编目（CIP）数据

四驱纯电动汽车参数闭环优化与纵-垂综合控制 / 张俊江，刘孟楠著. —北京：电子工业出版社，2023.9

ISBN 978-7-121-46274-0

Ⅰ. ①四… Ⅱ. ①张… ②刘… Ⅲ. ①电动汽车－动力系统－反馈控制

Ⅳ. ①U469.72

中国国家版本馆 CIP 数据核字（2023）第 168309 号

责任编辑：管晓伟

印　　刷：三河市良远印务有限公司
装　　订：三河市良远印务有限公司
出版发行：电子工业出版社
　　　　　北京市海淀区万寿路 173 信箱　　邮编：100036
开　　本：720×1 000　1/16　印张：10.75　字数：224 千字
版　　次：2023 年 9 月第 1 版
印　　次：2023 年 9 月第 1 次印刷
定　　价：100.00 元

凡所购买电子工业出版社图书有缺损问题，请向购买书店调换。若书店售缺，请与本社发行部联系，联系及邮购电话：(010) 88254888，88258888。

质量投诉请发邮件至 zlts@phei.com.cn，盗版侵权举报请发邮件至 dbqq@phei.com.cn。

本书咨询联系方式：(010) 88254460，guanxw@phei.com.cn。

前　言

节能环保是当今社会发展的主题，纯电动汽车具有零排放、能量利用率高的优点，发展纯电动汽车是实现交通转型的重要途径，也是国家实现碳中和目标的重要抓手。但是纯电动汽车的里程焦虑限制了其推广应用，车辆整备质量和动力系统参数与车辆的能耗密切相关；能量回收技术能够有效提高整车经济性，延长续驶里程。此外，在车辆制动过程中，车身会产生俯仰运动，主动悬架能够减弱车身的俯仰运动。上述情况会影响车辆的续驶里程或乘坐舒适性，因此有必要针对能量回收技术和主动悬架控制技术等开展研究。

本书依托国家重点研发计划项目"高性能纯电动运动型多功能汽车（SUV）开发"（项目编号：2018YFB0106100），以提高车辆的能量回收效率和乘坐舒适性为目标，开展四驱纯电动汽车参数设计方法、再生制动控制和车辆垂向运动抑制策略等方面的研究。主要研究内容如下：

（1）针对因车辆整备质量未知而难以获取动力性指标约束的问题，提出质量闭环算法，并证明该算法的收敛性。在此基础上，提出一种融合质量闭环算法、动态规划和遗传算法的四驱纯电动汽车参数闭环优化设计方法。其中，动态规划用于获得车辆电耗，遗传算法则负责将质量闭环算法和动态规划集成。相关仿真结果表明，提出的参数设计方法能够获得合适的车辆整备质量和动力系统参数。该方法为电动车辆的正向开发提供了参考。

（2）针对车辆制动过程中的能量高效回收问题，提出一种融合自适应三次指数预测和两阶段动态规划的预测控制策略。自适应三次指数预测通过对行驶数据——车速和制动强度的挖掘，实现车辆行驶数据预测，为两阶段动态规划提供参数支撑。两阶段动态规划以车辆能量回收效率最大为目标，结合车速和制动强度等参数，对电动汽车控制参数——前电机转矩、后电机转矩、前轮轮缸制动压力和后轮轮缸制动压力进行优化，控制车辆运行。与理想制动力分配策略和多阶段制动力分配策略相比，该策略可提高车辆的能量回收效率。

（3）在车辆制动过程中，车辆纵向运动会引起车身俯仰运动，导致车辆的乘坐舒适性变差。针对该问题，建立考虑制动强度影响的等效动力学半车模型，提出模型预测控制策略，并采用李雅普诺夫稳定性理论证明模型预测系统的稳定性。以前车身垂向速度、后车身垂向速度、前轮垂向速度和后轮垂向速度为控制目标，采用二次型优化的求解方法，获取前、后悬架控制力，抑制车辆的垂向运动。与双回路控制策略相比，采用该策略后的前车身垂向速度、后车身垂向速度、车身俯仰角和车身俯仰角速度均方根均降低了70%以上，从而验证了模型预测控制策略可提高整车的舒适性。

（4）为了同时提高车辆的能量回收效率和乘坐舒适性，通过车辆纵–垂交互变量分析，建立制动过程中的纵–垂耦合动力学模型。该模型考虑制动强度对车辆垂向运动的影响和垂向运动对车轮载荷的影响。在此基础上，提出一种采用模型预测控制策略抑制车辆垂向运动，采用神经模糊控制策略控制车辆纵向运动的综合控制策略。为了获取神经模糊控制策略，提出一种神经模糊优化框架，为神经模糊控制策略提供数据支撑。相关仿真结果表明，提出的综合控制策略可使电池能量回收效率提高8.33%，车身的最大速度和最大加速度分别降低了65.37%和24.33%。

（5）基于电液复合制动试验台，分析台架的转矩耦合原理，制定电机转矩的测试方案，标定比例减压阀占空比与制动轮缸压力的关系。通过开展预测控制策略和综合控制策略等的仿真试验，验证了这些控制策略的控制效果。

　　本书共 7 章，第 1、2、5、6 章由张俊江撰写。第 3、4、7 章由刘孟楠撰写。在本书的撰写过程中参考了国内外相关领域专家、学者的文章，这里对他们的研究工作表示衷心感谢。同时，恳切希望广大读者对本书中的不足提出批评指正。

　　　　　　　　　　　　　　　　　　　　　　　　　　　　　　著者

目 录

第 1 章

绪　　论

1.1　课题研究背景与意义

进入 21 世纪后，大气污染问题日益突出，石油消耗不断增长，世界主要国家对改善环境质量和减少石油消耗高度重视[1]。在全球范围内，道路运输温室气体排放量约占总温室气体排放量的 1/4，仅次于发电和供热产生的温室气体排放量[2]。为了应对气候变化，世界主要国家在纽约签署了《巴黎协定》[3]，该协定鼓励国际社会通过发展可持续的电动化交通实现低碳经济；更为重要的是，向低碳经济转型已经纳入联合国可持续发展目标，为人类和地球共存提出了美好的蓝图[4]。据统计，汽车行业消耗了石油年产量的 50%以上，对环境造成了极大的影响，汽车保有量呈逐渐上升的趋势，加剧了交通运输业对环境的影响，也增加了石油消耗。因此，交通能源转型势在必行[5]。

当前，世界各大车企都在大力发展节能与新能源汽车，一般来讲，可将其分为纯电动汽车、混合动力汽车和燃料电池电动汽车等。混合动力汽车对传统汽车改动较小，是较易实现的一种形式，但它只是新能源汽车发展的过渡产品。燃料电池电动汽车是理想的汽车形式，但它具有较高的应用成本，也没有完善的配套基础设施，实际发展存在诸多困难[6]。纯电动汽车则是较为理想的汽车类型，而我国也已经自主掌握发展纯电动汽车的"三电"技术，结合我国的能源结构和完善的电网系统，发展此类型的汽车具有先天优势。

近年来，我国已成为世界第一大汽车消费国。以 2020 年为例，我国汽车销量达 2531.1 万辆，新能源汽车销量达 136.7 万辆，同比增长 10.9%，累计产销量超过 500 万辆。国家"十二五"规划把节能减排作为重要目标，在"十二五"时期，国家和地方相继出台了补贴措施支持纯电动汽车发展。国家"十三五"规划提出实施"纯电驱动"技术转型战略，坚定了我国新能源汽车的发展方向。在这种背景下，开展纯电动汽车关键技术研究，对实现能源转型、发展自主品牌汽车具有重要意义。

纯电动汽车关键技术主要包括车辆动力系统参数优化技术、高效电驱动技术、整车集成控制技术和再生制动能量回收技术等[7,8]。其中，车辆动力系统参数优化技术是其余关键技术的基础，车辆动力系统参数是否合理直接影响了车辆的能量利用效率。再生制动能量回收技术将电机作为能量转换装置，把车辆制动时的动能转换为电能对电池充电，最后转换为化学能储存于电池中。续驶里程不足是纯电动汽车发展的主要障碍，该技术能够延长纯电动汽车的续驶里程，这对当前的纯电动汽车推广应用具有重要推动作用[9,10]。此外，采用再生制动能量回收技术还能减少机械制动器的磨损，延长制动器的使用寿命，提高车辆的安全性。相关研究表明，在城市工况下，超过 50% 的能量因被机械制动器转换为热能而造成浪费[11]。因此，研究再生制动能量回收技术具有重大的节能潜力。

纯电动汽车动力系统参数优化对车辆的控制至关重要，当前对动力系统参数的优化均是在车辆整备质量已知的情况下进行的。而一款纯电动汽车在设计初期的车辆整备质量是未知的，仅有设计指标可以参考，当前的动力系统参数优化方法会因车辆整备质量选取不合理而使车辆性能不佳。因此，在研究车辆整备质量未知的情况下，动力系统参数优化方法具有重要意义。

纯电动汽车在进行常规制动时，常采用基于规则的控制策略，如多阶段制动力分配策略等[12,13]。这限制了车辆能量回收效率的提高，而基于优化的控制策略能够进一步提升车辆的能量利用效率。因此，研究基于优化的再生制动控制策略是实现节能减排的重要手段。

在车辆制动过程中，车身的垂向运动会发生变化，导致车辆的乘坐舒适性变差，在以往的研究中，很少有相关报道。因此，研究用于抑制由车辆的制动所引起的车身垂向运动的策略对提高车辆的乘坐舒适性至关重要。在车辆制动过程中，能量回收效率和车辆的乘坐舒适性均是车辆的重要性能指标。因此，研究二者协同控制对提高车辆的能量回收效率和乘坐舒适性也是十分必要的。

1.2　课题相关研究现状

1.2.1　参数优化研究现状

电动汽车动力系统参数优化是电动汽车的关键技术之一，与车辆的控制策略密切相关[14]。实际上，在进行动力系统参数优化时，往往需要采用一种控制策略来保证车辆的运行（单纯依靠公式计算是不准确的，尤其涉及电池容量换算时，采用全工况折算的方式更准确）[15]。因此，在探讨参数优化研究的现状时，通常会涉及系统参数优化、控制策略优化及二者联合优化的研究现状。

在电动汽车迅速迭代发展的背景下，许多学者在动力系统参数优化方面进行了大量研究[16]。在考虑速比优化方面，尹安东等[17]针对某一轻度混合动力电动汽车，采用带精英策略的遗传算法对动力传动系统速比进行优化，基于 Cruise 软件的仿真平台搭建了电动汽车模型，其研究结果表明，在满足电动汽车各项设计指标的条件下，车辆的油耗降低了 7.05%。郑锦汤等[18]以某款搭载两挡机械式自动变速器的纯电动汽车为研究对象，以 NEDC（新欧洲循环测试）工况能源消耗和最低挡的最大爬坡度为优化目标，以速比约束指标为约束条件，使用 Ihsight 和 Cruise 等软件搭建优化模型，在兼顾纯电动汽车整车经济性和动力性需求的基础上，提出了一种动力系统参数优化方案，其研究结果表明，整车经济性提高了 3.19%，整车性能更符合期望的设计目标。郭孔辉等[19]以某款电动汽车为研究对象，研究分析其动力传动系统参数，并对相应参数进行简单合理的匹配，其研究结果表明，采用遗传算法的汽车动力传动系统设计优化方法对电机效率、蓄电池容量、传动系统传动比等进行了优化处理，在一定条件下，电动汽车的蓄电池性能达到最佳。翟丽等[20]根据电动轿车动力性能要求指标对电动轿车整车机电传动系统（电机、减速器、整车控制器及蓄电池）进行匹配计算，主要综合匹配计算电机和减速器传动比，通过 MATLAB/Simulink 进行整车机电传动系统仿真，其研究结果表明，整车机电传动系统的动态转矩特性和转速特性良好，整车机电传动系统参数匹配计算方法具有有效性及可行性，系统仿真结果满足动力性能设计要求。Anselma 等[21]以多模态功率分流式混合动力汽车变速系统为研究对象，提出了一种变速器快速建模、设计方法，该方法主要对行星齿轮速比、主减速器速比等参数进行优化选择，其研究结果表明，车辆的燃油经济性和加速性能分别提高了 5.56% 和 40.56%。在考虑成本效益方面，李燕等[22]以纯电动汽车为研究对象，先计算并选择与整车经济性能和动力性能有关的主要参数（主要包括电动汽车的电池及电机两部分），再基于 ADVISOR 搭建整车模型，在相应参数下进行仿真验证，并分析这些参数能否满足整车性能需求，最后在匹配满足要求的基础上建立了动力性能、成本价格及经济性能的多目标函数，并通过萤火虫算法对该目标函数进行优化，优化后的参数使整车的动力性能和经济性能得到了较大提升，成本价格也有所下降，有效提高了纯电动汽车的实用性。黄欣等[23]针对混合动力汽车动力系统参数匹配问题，以整车生产成本、两种运行模式（纯电运行、纯油运行）下的经济性与动力性为优化目的，以动力电池能量、发动机额定功率和电机峰值功率为计算变量，设计了基于线性加权多目标优化的遗传算法，其研究结果表明，通过对整车动力系统进行匹配优化，在适当牺牲整车动力性的条件下可降低 5.19% 的整车制造成本，并能提高其运行经济性，等效油耗降低超过 9.61%，这对混合动力汽车的量产及推广应用具有重要意义。Du 等[24]通过权衡电动汽车经济成本和性能的设计方法，以成本效益为目标进行参数优化设计，通过电动汽车日均行驶里程分析、停车时间占比分析，总结出最高车速及全电动范围（All Electric Range，AER）等对能量转换效率和市场竞争力等的影响，该方法考虑电池对油耗等的影响，通过成本效益分析，得出微型化电动汽车适合作为第一阶段发展对象的结论。在考虑驾驶风格方面，Roy 等[25]以混合动力汽车为研究对象，改变以往研究专注于特定驾驶循环工况下的燃油经济性的思路，考虑真实驾驶模式中燃油经济性的可变性，针对交通条件和驾驶风格变化会引起燃油经济性变化的情况，提出了一种动力总成部件优化方法，其研究结果表明，在 6 种不同的交通条件和驾驶风格下，车辆燃油经济性下降了 34%，该方法填补了以驾驶模式改变为优化约束的空白。秦大同等[26]针对纯电动汽车动力系统参数匹配理论计算方面的不足，提出了一种循环工况运行分析与理论计算相结合的参数优化设计方法，即驱动电机峰值功率依据整车动力性能确定，选取 10 种车辆循环运行工况分析整车功率需求，并据此确定驱动电机峰值功率。在考虑电机质量方面，韩金立等[27]以功率分流式混合动力汽车为研究对象，在分析了动力输出特性和参数匹配关系的基础上，提出一种参数匹配优化方法，并建立包含驱动功率利用率、电机质量和体积及电池组功率相关函数等的多目标函数，最后采用 Insight 软件获取合适的 pareto 最优解，进而得到了某设计实例的动力系统参数。该研究为功率分流式类汽车的性能分析和参数匹配提供了一些参考。崔晓迪等[28]针对因安装轮毂电机而增加非簧载质量影响车辆行驶平顺性的问题，建立了整车动力性模型，相关时域和频域分析的结果表明，安装轮毂电机所增加的簧载质量对车辆轮胎动载的增加有较大影响。

在提高车辆经济性的控制策略参数优化方面，许多学者也进行了大量研究[29]。徐兴等[30]以分布式驱动电动汽车为研究对象，分别建立了侧重提高电机效率的目标函数和侧重提高电机响应速度的目标函数，并提出了一种实时调节权重的优化分配方法，其实车试验结果表明，与后轴分配和平均分配两种方法相比，该方法的整车能耗效率分别提高了 3.66%和 8.58%。卢东斌等[31]基于四轮驱动汽车永磁无刷电机定向磁场控制模型，提出了多永磁同步电机系统模型，并应用于四驱电动汽车轮毂电机转矩分配中，通过仿真与试验的结果表明，整车效率在永磁无刷轮毂电机平均分配转矩下达到最佳。李军等[32]针对模糊控制策略在混合动力汽车上的应用缺乏客观性，无法获取全局最优等问题，在混合动力汽车控制策略的参数优化中引入遗传算法，以优化混合动力汽车的经济性和降低排放为目标，其仿真结果表明，经过参数优化的遗传算法能够获取全局最优控制策略，达到提高混合动力汽车经济性和降低排放的目标。秦大同等[33]为了提高并联式插电混合动力汽车的能耗经济性，采用瞬时优化算法获得机械无级变速器的最优速比和转矩分配值，其研究结果表明，与基于逻辑门限的控制策略相比，该方法可使能耗经济性得到较大提高。Rezaei 等[34]针对并联式混合动力汽车的能耗优化问题，提出了一种实时优化能量管理策略对控制策略参数进行优化，其仿真结果表明，与自适应瞬时油耗最小的能量管理策略相比，该策略可使车辆能耗经济性提高 7%。Shabbir 等[35]针对串联式混合动力汽车提出了一种最优一次源策略对控制策略参数进行优化，与基于规则的控制策略相比，该策略能够显著提高汽车的燃油经济性。

上述研究是针对车辆动力系统参数优化和提高车辆经济性的控制策略参数优化分开进行的。近年来，有学者将车辆动力系统参数优化与控制策略参数优化结合起来进行研究[36]，在考虑工况法方面，刘永刚等[37]为了进一步提高混合动力汽车的燃油经济性，以动力性为约束条件，提出了一种基于多工况的混合动力汽车动力系统和控制策略参数优化方法，其研究结果表明，综合工况下的车辆油耗下降了 5.49%，实车道路试验验证了其控制的有效性。詹森等[38]针对以单一工况为基础优化获取的参数可能不适用于其他工况的问题，提出了一种采用遗传算法的多工况优化方法，对车辆动力系统参数和控制策略相关参数进行优化，其研究结果表明，优化结果可适用于多工况，提高了车辆的燃油经济性。在考虑成本效益方面，Jiang 等[39]以装备混合储能装置的纯电动汽车为研究对象，提出了一种以总拥有成本为目标的优化方法对系统参数和控制策略进行优化，其研究结果表明，该方法显著提高了车辆的经济性。

文献[17]−[27]都是在车辆整备质量已知的情况下进行的参数优化，仅有韩金立等考虑了电机质量对参数优化的影响。其实在车辆设计初期，车辆整备质量是未知的，这是车辆参数设计的共性问题。车辆整备质量选取过大会导致电机功率和电池容量偏大；车辆整备质量选取过小会导致车辆实际动力性指标和续驶里程低于设计指标。因此，车辆整备质量对车辆的参数设计至关重要。而车辆参数设计往往需要预设控制策略，因此，在进行车辆的参数设计时，考虑控制策略的影响是非常有必要的。

1.2.2 再生制动研究现状

电动汽车与传统燃油汽车最大的不同之处就是电动汽车具有二次部件——电机和充放电部件——电池，这为车辆能量回收提供了硬件基础，也是电动汽车能源经济性高于传统燃油汽车的重要因素之一。再生制动作为电动汽车的关键技术之一，一直备受学者的关注，大量学者对此做了广泛而深入的研究[40,41]。

关于再生制动能量回收的策略主要集中在以下两方面：系统设计和再生制动控制[42-44]。在考虑增加超级电容方面，Feng 等[45]讨论了采用超级电容进行能量回收的制动系统设计过程，并分析了主要技术参数的确定方法和确定方式，其研究结果表明，采用超级电容进行能量回收能够显著减少电动汽车的能耗。陈燎等[46]基于再生制动能量回收工作原理，先建立再生制动系统模型，再应用换路原理，利用驱动电机转速和超级电容两端电压估算再生制动能量回收过程中电机所产生的制动电流，最后提出制动保持稳定减速度的能量回收控制策略，并搭建再生制动实验模型，通过仿真验证再生制动能量回收系统的有效性和可行性，其研究结果表明，再生制动能量回收系统控制策略实验与仿真的结果相吻合，再生制动能量回收利用率高，制动系统能满足整车应用需求。Meyer 等[47]针对电动汽车电池和超级电容混合储能问题，基于电池和超级电容的 4 种可控模式及其相关动力学约束，提出了一种最小化跟踪误差和摩擦制动混合预测模型控制策略，其研究结果表明，该策略有效避免了算法的计算复杂性，所提出的优化算法是有效的。在考虑增加飞轮方面，Budijono 等[48]提出了一种飞轮储能再生制动系统用于回收车辆制动能量。但是因为上述研究增加了超级电容或飞轮，导致系统的复杂性和整车成本增加。

近年来，越来越多的研究集中于采用电机制动回收车辆动能上。该类型的控制主要集中在以下两方面：基于规则的再生制动控制和基于优化的再生制动控制[49,50]。在基于规则的再生制动控制方面，一些学者进行了基本的控制策略设计。例如，杨璐等[51]设计了一种分层控制制动力矩分配的方法，通过制定制动工作模式切换条件，设计制动控制策略，并由上下层控制器分别计算制动力矩、确定制动模式及分配电机与各轮的制动力，使用 MATLAB/Simulink 和 AMESim 软件搭建复合制动模型进行各驾驶工况参数的联合仿真与复合制动策略的验证，其研究结果表明，在满足整车制动稳定性和制动效能的同时，制动能量回收程度达到最大，并且复合制动控制策略能够准确切换。Liu 等[52]建立了电动汽车再生制动系统制动力、力矩和动力电池充电效率之间的计算模型，设计了不同制动工况下的 3 种制动控制策略，最大限度地回收制动能量，并在 ADVISOR 软件中搭了建仿真模型进行仿真，其仿真结果表明联合国欧洲经济委员会汽车法规（ECE）和理想制动力分配曲线（I 曲线）并非最佳制动力分布曲线，通过合理的控制策略能够将再生制动能量回收效率进一步提高，进而增加电动汽车的续驶里程。Li 等[53]基于 I 曲线和 ECE 设计了前、后轴制动力分配策略，采用模糊控制策略进行制动力分配，其研究结果表明，该控制策略能满足制动稳定性的要求，并提高了能量回收效率，增加了电动汽车的续驶里程。也有一些学者考虑了驾驶人的意图。例如，刘得雄[54]基于驾驶人的制动意图识别参数不足及被动制动能量回收技术短板问题，提出了主动能量回收系统，并针对制动能量回收控制策略和模糊识别制动意图进行研究，其研究结果表明，制动能量高回收率分布在低制动强度区域；受充电功率限制，增大制动强度，制动能量回收率偏低；增大充电功率限制，制动能量回收率随制动强度下降有所增加。Ji 等[55]提出了一种基于模糊识别驾驶人意图的再生制动控制策略，该策略在加速踏板抬起、制动踏板踩下和二者完全释放的情况下均能进行能量回收，其研究结果表明，该策略能够平衡能量回收和制动稳定性，并使电动汽车的单踏板设计成为可能。还有一些学者设计了制动机构。例如，Kumar 等[56]以后轮驱动的串联式混合动力汽车为研究对象，提出了一种再生制动和摩擦制动比例调节机构，并在分析了前、后轮制动力分配的基础上，提出了一种联合制动策略，其研究结果表明，在制动循环工况下，与传统并行制动相比，联合制动策略大幅度提高了能量回收效率，并且保证了车辆的制动稳定性。Ko 等[57]设计了一种基于自动变速器的混合动力汽车制动系统，该系统不需要踏板模拟器或故障安全装置，而是在结合制动系统特点的基础上，提出了一种再生制动协同控制策略，相关仿真和车辆试验结果表明，该系统和再生制动协同控制策略能够满足制动力的要求，并提高车辆的能量回收效率。

在基于优化的再生制动控制方面，一些学者对模糊控制规则进行了优化。例如，Liu 等[58]在分析了电动汽车能量回收影响因素的基础上，建立了并行制动分布模型，通过遗传算法对模糊控制规则进行优化，得出电液制动力分配规则，其研究结果表明，与优化前相比，车辆的可利用能量提高了2.7%，从而验证了该规则的有效性。王昊等[59]优化设计了基于模糊控制制动力分配的模糊控制器，通过分析制动过程中的制动力分配及约束条件，利用MATLAB 软件建立了电动车辆模型，以进行众多车辆行驶工况数据的实验与仿真，并对比其他制动控制策略，其结果表明，基于模糊控制制动力分配的模糊控制器具有一定的优越性和实用性。一些学者则将制动过程分成两个阶段进行优化。例如，He 等[60]为了提高电动汽车的经济性、制动稳定性，将驾驶人操作分为两个制动部分：松开加速踏板和踩下制动踏板，针对一次制动，提出了一种基于自适应模糊控制算法的单踏板再生制动策略，以提高加速踏板的能量回收效率；针对二次制动，提出了一种复合制动系统神经网络控制器，以优化车辆的经济性和制动稳定性，其研究结果表明，在 NEDC 工况下，电动汽车的经济性提高了 3.67%。也有一些学者将驾驶人意图考虑在内进行优化。例如，Pei 等[61]采用遗传算法对制动力分配系数进行优化，并将驾驶人意图纳入权重系数，实现动态调节，其研究结果表明，在满足驾驶人制动意图的情况下，该策略与 I 曲线相比能够更好地回收能量。Hao 等[62]提出了基于驾驶人实施制动意图的再生制动控制策略，先通过隐马尔可夫模型法（Hidden Markov Model Method）识别驾驶人的制动意图并进行训练，再针对 4 种制动意图和 3 种速度状态开发多种再生制动控制策略的制动模式，最后通过协同仿真结果表明，基于驾驶人实施制动意图的再生控制策略能够显著提高车辆制动时的能量回收能力，其制动意图也能与驾驶人制动意图保持高度一致。还有一些学者将限制边界变化考虑在内。例如，Paul 等[63]

考虑到因发动机摩擦水平变化而改变制动限制边界的情况，引入了制动力分配约束，并提出了一种基于模糊逻辑估计轮胎-路面摩擦系数的四轮驱动制动力分配策略，相关仿真结果表明，该策略显著提高了制动能量回收效率，原型车试验也证实了其优越性。

上述研究均在不同程度上提高了车辆的能量回收效率，由此可知，基于优化的控制策略在提高能量回收效率方面具有显著优势。基于优化的控制策略，多是基于车辆当前状态进行优化的，未考虑车辆将来的行驶信息。然而动态规划能够获得全局最佳能量回收效率，这说明如果知道将来的车辆行驶信息，将有助于提高车辆的能量回收效率。因此，研究考虑车辆将来行驶信息的优化方法是提高能量回收效率的途径之一。

1.2.3　悬架控制研究现状

车辆在当前人们的交通出行中扮演着越来越重要的角色，提高车辆的乘坐舒适性对改善人们的驾乘体验至关重要。悬架是连接路面与车身的关键部件，对车身的平稳运行具有重要影响[64,65]。车辆悬架可以分为 3 种类型：被动悬架、半主动悬架和主动悬架。在车辆被动悬架研究方面，王秀梅等[66]通过构建车辆振动模型及动力学方程，使用混合算法进行优化，同时在 MATLAB 软件中搭建优化前和优化后的车辆振动模型进行仿真，并将这两种车辆振动模型的仿真结果进行对比，其结果显示，座椅加速度、车辆加速度、车辆垂向位置等峰值有所降低，车辆被动悬架系统参数经混合算法优化后的路面激励干扰得到抑制，车辆驾驶舒适性和行驶稳定性均得到改善。在车辆半主动悬架研究方面，Liu 等[67]针对半主动悬架，提出了基于在线估计车辆道路轮廓方法，即根据系统传输特性估算道路扰动，并对道路粗糙度进行分类，又提出了一种近似方法适用于离散数据，通过 1/4 半主动悬架台架试验的结果表明，车辆行驶速度和悬架系统参数对道路估计的影响不大。在主动悬架研究方面，潘成龙等[68]基于车辆动力学原理，推导出 9 自由度主动悬架（包含路、车和车载设备）动力学方程，车辆前轮路面激励用滤波白噪声代替，设计基于线性二次调节器（LQR）最优控制原理的控制器，建立整车主动悬架控制模型进行仿真分析，基于优化加权系数 Q 的自适应粒子群算法对被动悬架与主动悬架的设备性能参数的均方根值进行对比分析，其结果表明，基于自适应粒子群算法的 LQR 控制原理优化方法能够提高车辆的行驶平顺性和车载设备的可靠性。上述研究结果表明，与被动悬架和半主动悬架相比，主动悬架能够产生主动控制力来抑制不规则干扰对乘坐舒适性的影响，这在很大程度上提高了车辆的乘坐舒性性[69]。为了抑制车辆行驶过程中的车身振动，一些汽车公司选用主动悬架作为车辆悬架，如大众、奔驰[70]等汽车公司。由于主动悬架的应用方向已经成为当前研究的热点[71-73]，研究主动悬架控制具有重要意义。

在车辆直线行驶过程中，车身所受的影响主要来自路面的垂向输入和车辆纵向运动引起的车身垂向振动。当前的研究多集中于抑制路面输入引起车身振动方面[74-76]，如一些比较有名的示例，包括自适应控制、鲁棒控制、滑模控制和自适应模糊控制。在自适应控制方面，Hua 等[77]提出了基于两个子系统的主动悬架自适应控制策略，即对第一个子系统设计规定性能的控制方法，对第二个子系统进行非动力学方面的稳定性研究分析，经过仿真分析，验证主动悬架自适应控制策略能够有效抑制因路面输入而产生的车身振动。在鲁棒控制方面，李荣等[78]设计的鲁棒控制器是基于半主动悬架系统动态输出反馈的控制器，通过建立悬架动力学模型，研究分析悬架系统在车辆的俯仰角速度、车身速度及前后轮位置等参数未知的情况下所承受的外界扰动和非线性干扰，借助理论计算分析和仿真验证等方式证明了鲁棒控制器在抑制外界干扰引起车身振动方面的作用，并通过对比传统悬架控制策略，进一步证明了鲁棒控制器能够提高车辆的行驶稳定性和乘坐舒适性。在滑模控制方面，Sam 等[79]针对主动悬架控制系统，提出了一种比例积分滑模控制策略，使用 1/4 汽车模型进行被动悬架系统、线性二次稳压控制系统和滑模控制的主动悬架系统等的仿真对比分析，验证了滑模控制策略的鲁棒性和有效性。Min 等[80]针对主动悬架系统的输出反馈控制问题，建立了 1/4 汽车模型和辅助模型，对于不可获取的状态参数则通过模糊状态的观测器进行估算，提出了一种基于自适应模糊控制策略的优化方案，使用逆优化和反推设计等方法进行优化，保证车辆行驶姿态的稳定性，对上述两种模型进行仿真，其结果验证了自适应模糊控制策略的有效性。这些控制策略大致分为两类，第一类将悬架系统作为确定系统进行控制[81,82]，第二类考虑乘员数量和装载货物等的变化引起悬架系统不确定性进行控制策略开发[83,84]。围绕第一类控制，Fang 等[85]建立了主动悬架双回路控制的整车动力学模型，并提出了一种双回路控制策略用于抑制由于路面输入所造成的车身垂向运动，内环控制隔离弹簧基于模糊控制得到，外环控制簧上质量姿态基于线性控制获取，整车模型协调控制仿真的结果表明，双回路控制方法及所提出的控制策略对于隔离路面输入所造成的车身垂向振动是非常有效的。对于 1/4 汽车模型，Yoshimura 等[86]建立了主动悬架系统模型，设计了一种滑模控制器，基于切换函数和等效控制推导出主动控制策略，并使用线性二次控制理论获取滑动面，通过由精确非线性系统转化得到的线性系统的最小阶观察器来估计道路轮廓，相关实验结果表明，基于滑膜控制的主动悬架系统有效且其效果优于采用线性二次理论控制的线性主动悬架和被动悬架，从而可以提高车身的隔振效果。对于 7 自由度车辆模型，Yagiz 等[87]以主动悬架为研究对象，基于反步控制理论设计了反步控制器，为增强反步控制器的性能和广泛的适用性，以解决其设计方面的实际问题，又基于不同路况的时域分析和频域评估验证了反步控制器的性能，从而证明了主动悬架系统的稳定性，改善了车辆的乘坐舒适性。主动悬架执行器的时变迟滞效应对悬架的控制也很重要，为了解决该问题，纪仁杰等[88]建立了悬架时滞动力学模型，并采用 H∞控制理论和自由权矩阵、李雅普诺夫-克拉索夫斯基泛函等方法推出系统时变迟滞趋于稳定时的不等式，设计最大时变迟滞稳定量的 H∞控制策略，相关实验和仿真对比分析的结果表明，H∞控制策略抑制簧载质量加速度的效果明显，并且时变迟滞越趋于所取得的最大值，其效果越好。而在第二类控制方面，针对悬架系统的不确定性会引起悬架控制性能恶化的问题，出现了许多智能控制方法[89,90]。Li 等[91]针对主动悬架 H∞控制数据不确定的问题建立了车辆主动悬架 Takagi-Sugeno 模糊模型，并设计了基于输出反馈和状态反馈的数据采样控制器，以确保 Takagi-Sugeno 模糊系统趋于稳定并满足 H∞控制的悬架性能约束，之后，基于李雅普诺夫稳定理论推导输出反馈和状态反馈的数据控制器存在条件，通过相关仿真结果验证了数据采样控制器的有效性。Zhang 等[92]针对 1/4 车辆主动悬架系统参数不确定、路面扰动和输入饱和的问题，开发了基于自适应神经网络的控制方法，又结合抗饱和的神经网络控制策略处理执行器输出超过某一最大值，为减小主动悬架系统的自适应参数数量和负担计算量构建最小学习参数神经网络控制器，通过稳定性分析表明，基于自适应神经网络控制的策略能有效保证车辆驾驶安全并提高其乘坐舒适性。Li 等[93]采用自适应滑模控制来处理因车身质量未知而引起的非线性函数问题，通过建立考虑簧载质量、悬架性能和执行器非线性的主动悬架数学模型，研究滑模运动渐近稳定的充分条件，为将滑模运动渐近稳定的充分条件转化为凸优化问题，设计了自适应滑模控制器保证指定开关面的可达性，相关仿真结果表明自适应滑模控制方案有效，并能在很大程度上提高车辆的乘坐舒适性。针对控制输入时滞和未知非线性动态主动悬架系统，Na 等[94]针对主动悬架系统的控制输入时间延迟和不确定非线性动力学问题提出了一种新的自适应模糊控制策略，通过建立预测器补偿的方式解决闭环系统输入延迟，采用有限时间自适应算法处理参数误差问题，创建基于参数误差估计的自适应算法，实时更新不确定的模糊逻辑系统的权重，并通过李雅普诺夫−克拉索夫斯基泛函证明闭环系统的稳定性，最后在 Carsim 软件中进行仿真实验，其结果表明自适应模糊控制策略能有效解决主动悬架系统的控制输入时间延迟和不确定非线性动力学问题，并在各种路面输入条件下保证主动悬架系统稳定运行。

上述研究通过设计相应的执行器或控制器来抑制路面输入所引起的车身振动，但是需要考虑执行器或控制器失效时悬架可能的运行情况对车辆行驶所产生的影响，相关研究提出将自适应执行器失效补偿方案用于避免因执行器发生故障而引起悬架性能恶化的情况。Yao 等[95]提出了集成多种设计的半车悬架系统针对各种不确定执行器故障发生时的执行器补偿方案，即采用反步技术获取系统稳定性和渐进跟踪，设计多个自适应控制信号，针对控制器可能发生的故障构建复合控制器处理故障类型，确保车辆所需信号的准确跟踪及车身俯仰和垂向的稳定运行，相关仿真结果表明，自适应执行器失效补偿方案能够有效解决执行器失效引起悬架故障的问题。Liu 等[96]为了提高主动悬架系统执行器故障时的车辆瞬态调节性能，设计了一种表征主动悬架系统最大超调量和跟踪误差速度的具有规定性能函数的新型自适应控制策略，之后，通过李雅普诺夫理论证明该策略的稳定性，并通过执行器失效故障和浮动故障的仿真分析结果表明，具有规定性能函数的自适应控制策略能够在执行器失效时维持悬架稳定，保持车辆行驶稳定性。

上述研究主要围绕抑制由路面输入引起车身振动的控制策略。然而在实际中，车辆的纵向运动也会引起车辆的垂向运动，这是车辆运动过程中存在的共性问题，但是关于该方面的已知研究较少。车辆在行驶过程中，不可避免地会产生制动[97]。因此，研究由制动强度引起车身振动的抑制策略具有重要意义。

1.2.4 纵−垂制动研究现状

传统燃油汽车的悬架系统和制动系统是相互独立设计的，这样能更好地发挥车辆的行驶稳定性和制动安全性，但是在一定行驶条件下，悬架系统和制动系统会产生干涉，当前部分研究尝试使用一个控制器同时控制车辆的悬架系统和制动系统，在避免产生相互干涉的情况下提高车辆的行驶稳定性和制动安全性。Zhang 等[98]通过建立电动汽车线控制动的动力学模型，同时使用鲁棒控制器提高车辆行驶稳定性，并对相关参数进行仿真，验证了统一控制的制动系统和悬架系统方案的有效性。Poussot-vassal 等[99]基于两个 H∞ 增益调度的控制器对制动系统和悬架系统进行联合控制，使用车辆监视器观察车辆偏航性能和驾驶姿态，通过整车模型的真实实验数据的仿真结果表明，制动系统和悬架系统的联合控制能够解决车辆的操纵稳定性和乘坐舒适性问题。

车辆制动过程中的纵-垂控制研究大多将纵向与垂向控制分开进行，关于纵-垂综合控制方面的已知研究并不多。徐广徽等[100]通过建立电动车辆横向、纵向、垂向的动力学模型，对轮边驱动电动车辆的操纵稳定性和行驶平顺性进行分析，其结果表明在高附着系数的路面上，轮边驱动电动车辆具有高的行驶稳定性，随着路面附着系数的下降，车轮跳动增强，车辆失稳趋势加剧。Montazeri-Gh[101,102]等对装备主动悬架的混合动力车辆进行研究，但要重点关注悬架系统的控制。为了同时关注车辆的垂向控制与纵向控制，Shi等[103]对混合动力车辆进行纵-垂协调控制，改善了车辆的乘坐舒适性和能量回收效率。Zhang 等[104]设计了基于直流电机的主动悬架能量再生控制器，通过设计主动悬架 H∞ 鲁棒控制，实现悬架能量再生控制回收和车辆乘坐舒适性的主动控制，但没有考虑车辆纵向运动对垂向运动的影响，即制动强度对悬架系统的影响。因此，研究车辆制动过程中的车辆纵-垂综合控制具有重要意义。

1.3　研究内容与技术路线

本书在国家重点研发计划"高性能纯电动运动型多功能汽车（SUV）开发"（项目编号：2018YFB0106100）的资助下，通过与长安汽车公司合作，围绕四驱纯电动汽车开展参数优化设计、再生制动控制、悬架控制和纵-垂动力学综合控制等方面的研究，主要内容如下：

（1）针对车辆设计初期因车辆整备质量未知而引起的难以获取车辆动力性指标约束的问题，提出质量闭环算法，并证明该算法的收敛性。在此基础上，进一步提出一种融合质量闭环算法、动态规划和遗传算法的四驱纯电动汽车参数闭环优化设计方法。其中，动态规划算法用于获得车辆电耗，遗传算法用于集成质量闭环算法和动态规划。

（2）针对四驱纯电动汽车常规制动过程中的能量高效回收问题，提出一种基于预测优化的再生制动控制策略。该策略集成了自适应三次指数预测和两阶段动态规划。自适应三次指数预测利用车辆的行驶信息，预测车辆将来的行驶信息，如车速等，为车辆的优化控制提供参数支撑。两阶段动态规划用于获取车辆的控制参数，为实现车辆的优化控制提供依据。

（3）针对车辆制动过程中车身俯仰运动导致车辆乘坐舒适性变差的问题，建立考虑制动强度对车辆垂向运动影响的等效动力学半车模型。在此基础上，提出一种考虑制动强度影响的模型预测主动悬架控制策略。之后，采用李雅普诺夫稳定性理论证明模型预测控制系统的稳定性。

（4）为了同时提高车辆的乘坐舒适性和能量回收效率，建立车辆制动过程中的纵-垂耦合动力学模型。在此基础上，提出一种纵-垂综合控制策略，具体包括模型预测控制和神经模糊控制策略。模型预测控制用于提高车辆的乘坐舒适性，神经模糊控制策略用于提高车辆的能量回收效率。

（5）基于电液复合制动试验台，分析台架制动过程中的转矩耦合原理，确定电机转矩的测试方案，标定制动轮缸压力与占空比的关系，对预测控制策略和综合控制策略的部分仿真结果进行验证。

基于上述研究内容，本书制定了图 1.1 所示的技术路线。该技术路线的具体内容如下：首先结合质量闭环算法、动态规划和遗传算法获取四驱纯电动汽车参数闭环优化设计方法，为车辆的控制提供参数基础。其次，建立纵向制动动力学模型，进行纵向制动运动控制研究，获取预测控制策略；建立垂向制动动力学模型，进行垂向制动运动控制研究，获取模型预测控制策略。基于上述研究，建立纵-垂耦合动力学模型，进行纵-垂制动运动控制研究，获取纵-垂综合控制策略。最后，通过台架试验对预测控制策略和纵-垂综合控制策略的部分仿真结果进行验证。

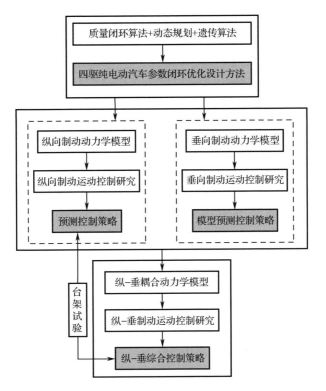

图 1.1　技术路线

第2章

四驱纯电动汽车参数闭环优化设计方法

2.1 引言

电动汽车的动力系统参数直接影响整车的能耗指标，研究电动汽车动力系统参数的优化方法对提高整车经济性具有重要意义。车辆在设计之初，其整备质量是未知的。目前，在进行车辆动力系统参数优化时，多以车辆整备质量已知为前提开展工作。车辆整备质量的选取对样车的试制至关重要，如果车辆整备质量选取不合理，将会导致设计和样车试制工作反复进行，费时费力，造成研发成本增加和研发周期延长，不利于迅速抢占市场。

车辆整备质量的选取与工程师的经验有关，这增加了车辆设计的不确定性，为了解决该问题，本章提出了一种四驱纯电动汽车参数闭环优化设计方法。该方法能够根据给定的动力性指标获取合适的车辆整备质量（为了简化表达，下文中一般使用"整备质量"）和动力系统参数，为车辆的正向开发提供参考。

2.2 四驱纯电动汽车的动力系统

纯电动汽车分为分布式和集中式两种，分布式纯电动汽车又分为轮边电机驱动和轮毂电机驱动两种。分布式纯电动汽车通常采用 4 个电机驱动，每个电机驱动一个车轮，这样可以增加动力源的自由度和控制的操作空间。轮边电机通过减速器与车轮连接，由于设有增矩机构（减速器），能够降低对电机的要求，同时会有一部分能量消耗在减速器上。轮毂电机直接驱动车轮，能够提高车辆的能量利用效率，由于没有增矩机构，对电机的要求较高。

集中式纯电动汽车又分为单轴驱动和双轴驱动两种。单轴驱动电动汽车仅由一个电机驱动，因而成本较低、控制简单，它是较易实现的一种构型；双轴驱动电动汽车具有动力性好的特点，本书研究的电动汽车均为双轴驱动电动汽车（四驱纯电动汽车），其动力系统结构示意图如图 2.1 所示。

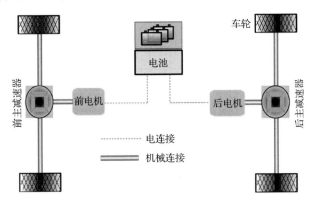

图 2.1　四驱纯电动汽车动力系统结构示意图

　　四驱纯电动汽车的动力系统主要包括前电机、后电机、电池（一般为蓄电池）、前主减速器和后主减速器。其中，前轮由前电机驱动，后轮由后电机驱动；前电机与前主减速器和前轮通过机械连接，后电机与后主减速器和后轮通过机械连接；电池与前电机和后电机通过电连接。这里需要特别说明的是，电机既能驱动车辆行驶（消耗能量），又能使车辆减速（回收能量）；电池既能放电（驱动车辆），又能充电（回收能量），这为车辆的能量回收提供了硬件基础。下面对采用轮边驱动、轮毂驱动、单轴驱动和双轴驱动的电动汽车的动力系统结构及其优缺点做简要介绍。

　　轮边驱动电动汽车取消了传统内燃机和变速器等动力系统部件，直接将电机安装在轮辋内侧，这样可使车辆底盘布局更紧凑，从而提高了车内空间利用率，并且能够降低车辆重心。轮边驱动电动汽车的核心系统是轮边驱动系统，常见的轮边驱动系统主要由驱动电机、减速增矩机构、散热部件和制动系统组成，其动力传递路线为驱动电机输出动力通过减速增矩机构直接传至车轮。驱动电机与减速增矩机构一般有两种连接形式：①对于低转矩、高转速驱动电机而言，其内转子与减速增矩机构采用机械连接方式，而外定子与车桥及悬架系统等采用固定连接方式；②对于高转矩、低转速驱动电机而言，其外转子与动力传动机构（齿轮机构）采用机械连接方式，而内定子与车桥及悬架系统等采用固定连接方式。由于轮边驱动系统的驱动电机通过减速增矩机构或齿轮机构与车轮连接，动力传递路线短，驱动电机输出的动力能够快速传至车轮，通过设计合理的系统控制策略、制动控制策略及电池能量管理方案，能够提高驱动电机的驱动效率、增加车辆续驶里程等。驱动电机安装在轮辋内，车辆控制器可以直接控制电机的输出功率和制动系统的制动力分配，并且实现驱动电机制动代替传统机械制动模式，在合理运行工况下能够提高车辆的动力性和制动性，以及车辆的再生制动能量回收效率。线控技术能够在轮边驱动电动汽车上得到合理应用，从而减小了车辆转弯半径，提高了车辆转向灵敏性。虽然轮边驱动系统的驱动电机在底盘布局、动力系统控制及再生制动能量回收方面均有很大的优势，但其仍存在无法避免的问题，即驱动电机的转矩波动和直接安装在轮辋内侧的方式，会增大车辆的非簧载质量，进而降低轮边驱动电动汽车的操纵稳定性和行驶平顺性。随着电动汽车技术的进一步发展，轮边驱动电动汽车的操纵稳定性和行驶平顺性逐渐引起相关学者的注意，开发新型悬架系统及合理的机电液控制策略成为电动汽车的研究热点。Andrés 等[105]针对轮边电机的安装导致车辆非簧载质量增大，进而引起车辆的乘坐舒适性及驾驶安全性恶化的问题，设计了不同转矩要求的电动汽车驱动电机（同步、异步）质量的计算机程序计算方法，并提出了车辆乘坐舒适性和驾驶安全性的评估幅值和参数，同时分析不同的激励信号对车辆行驶平顺性的影响，最终得出轮边驱动车辆悬架系统与驱动电机转矩之间的关系，并证明了选择合适转矩的驱动电机能够避免因车辆非簧载质量增加而导致车辆的乘坐舒适性和驾驶安全性恶化的问题。

轮毂驱动电动汽车使用的轮毂驱动系统是对轮边驱动系统的高度集成，它直接将驱动电机安装在车辆的驱动轮上，这样可以省去减速增矩机构及半轴传动系统，再度缩短动力传递路线的长度，使驱动电机输出的动力直接传至驱动轮上，从而有效提高了驱动电机的驱动效率。轮毂驱动电动汽车在改变传统电动汽车结构的同时，还将进一步促进高功率密度与高度集成的轮毂电机技术、整车集成技术、驱动制动协同控制技术和车辆防滑及侧向运动控制技术的发展。由于驱动电机安装在驱动轮内，可以节省底盘空间，为蓄电池的尺寸和布置提供了更多的选择。驱动电机直接安装在驱动轮上，能够使电动汽车驱动和制动结构更紧凑，对于四轮独立驱动电车更容易实现驱动和制动控制，提高其制动能量回收利用效率，增加电动汽车的续驶里程，达到节约能源的目的。与传统汽车相比，轮毂驱动电动汽车在侧向运动和驱动防滑方面有很大不同，传统汽车通过调节制动力实现侧向运动和驱动防滑的控制，但是轮毂驱动电动汽车可以直接通过轮毂电机输出力矩对车辆的侧向运动和驱动防滑进行控制。由于轮毂驱动电动汽车的底盘结构与传动汽车的底盘有较大区别，其横摆稳定性的控制也与传统汽车有区别。此外，关于驱动电机（轮毂电机）参数设计，稳定性和散热等都是轮毂驱动电动汽车需要研究的重点。张雷等[106]提出了基于四轮轮毂电机驱动电动车辆轨迹跟踪分层架构和横摆力矩的联合控制策略，其中，分层架构包含上下层控制器，对上层控制器建立考虑约束的 3 自由度车辆模型预测控制器，通过预测时域和控制时域的优化求解获取车辆的附加横摆力矩和前轮转角；下层控制器通过算法精确求解转矩分配，优化车轮的纵向力分配，联合仿真结果表明不同行驶工况下，横摆稳定性联合控制器和轨迹跟踪可有效提高车辆的行驶稳定性。

单轴驱动电动汽车与传统燃油汽车结构相似，最大的区别在于动力产生装置不同，单轴驱动电动汽车用单独的驱动电机替代发动机。单轴驱动电动汽车仅在车辆的前轴或后轴布置一个驱动电机，用来提供动力驱动某一轴两侧的车轮，其特点是结构简单、系统布置方便，能够有效降低车辆能耗，提高能量利用效率。单轴四驱电动汽车的驱动系统主要由动力蓄电池①、驱动电机、变速器、分动器、差速器和半轴等部件组成，驱动电机输出的动力首先传至变速器，再经过半轴上的差速器传至半轴，最后传至车轮，动力传递形式与传统燃油汽车基本相同，因此，单轴驱动电动汽车能够使用传统燃油汽车已研发的底盘系统，研发难度与生产成本相对较低。但其系统结构复杂、动力传递路线长、驱动电机的驱动效率较低，对整车驱动系统的控制也相对困难，很难发挥驱动电机特性并保证电动汽车的动力学性能，因而对单轴驱动电动汽车使用的驱动电机有较高要求，一般需要使用高功率、高转速电机。由于单轴驱动电动汽车存在的不足较多，加上其节约能源效果有限，有关单轴驱动电动汽车研发和实际量产的应用案例较少。

与单轴驱动电动汽车不同，双轴驱动电动汽车的前轴和后轴分别设有驱动电机，独立驱动前后轴两侧车轮。双轴驱动电动汽车的动力系统主要由动力电池、两个驱动电机、差速器及半轴等组成，动力传递路线为前（后）轴

---

① 在本书中，除首次出现时使用全称"动力蓄电池"，后续内容中统一简称为动力电池。

驱动电机输出动力经差速器传至半轴，然后传至车轮。由于双轴驱动电动汽车在其前后轴上各安装了一个驱动电机，能够使车辆重心处于相对合适的位置，不仅增强了车辆稳定性，还能够改善轮毂与半轴的安装角度，提高动力传递效率；从生产成本和工艺角度出发，两个驱动电机代替一个高功率电机能够降低制造工艺和生产成本；从控制策略角度出发，双轴驱动电动汽车的最大优势是车辆控制器可以根据车辆功率需求合理控制前后两个驱动电机协同工作，提供合适功率或制动能量回收强度，这两个驱动电机的工作组合形式也可以变得灵活，如前轴驱动电机单独工作、后轴驱动电机单独工作、双轴驱动电机同时工作，以及前轴驱动电机回收能量、后轴驱动电机回收能量、双轴驱动电机回收能量等。合理的控制策略能够在保证车辆动力性的前提下，最大限度地回收车辆的制动能量，提高整车行驶经济性，达到节约能源的目的。

除了以上介绍的分布式和集中式动力系统结构，纯电动汽车最重要的部件是动力电池，其设计研发是纯电动汽车研究的重点。合理的动力电池参数（质量、尺寸和容量）设计不仅能够降低车辆质量，提高车辆续航能力，还能保证车辆的各项动力学性能。动力电池作为纯电动汽车重要的能量储存单元和能量转换单元，对其进行研究的首要目的是提高电池的安全性。为了保证动力电池的安全性、需要充分考虑动力电池的生产工艺、电极材料和电解液类型等因素。其次是在保证动力电池体积不变的情况下，增加电磁能量密度，从而延长车辆续驶里程。此外，动力电池的热管理控制策略、能量管理策略及充电效率等也是研究的热点。虽然我国在动力电池研究方面已经取得了重大突破，利用现有技术及工艺生产的动力电池能够保证电动车辆在一定条件下的正常行驶，但是在一些极端条件下，如高温、极寒等环境，动力电池很难发挥最佳性能。

2.3 四驱纯电动汽车动力系统参数设计方法

许多学者对电动汽车的参数设计进行了研究，主要包括考虑速比优化、考虑成本效益、考虑驾驶风格和以工况法为基础进行优化等。现有研究多以车辆整备质量为常量进行设计，而四驱纯电动汽车动力系统的参数设计与车辆整备质量和控制策略密切相关，为了解决车辆设计初期整备质量未知的问题，本章提出了一种参数闭环优化设计方法。该方法包括质量闭环算法、动态规划和遗传算法。其中，质量闭环算法用于解决车辆整备质量未知情况下的车辆动力性指标约束问题；动态规划用于获取特定工况下的能耗；遗传算法用于集成质量闭环算法和动态规划算法。需要特别说明的是，本章在进行参数优化时，采用动态规划获取车辆最优转矩分配系数（控制参数）。

2.3.1　质量闭环算法模型

在车辆整备质量未知的情况下，如何获取电动汽车的动力性指标约束对车辆的设计至关重要，为了解决该问题，本节提出了一种质量闭环算法。

1. 已知车辆整备质量情况下的电机参数计算

电动汽车的峰值功率一般由其加速时间决定，这里着重讨论峰值功率与设计指标的关系。

电动汽车的加速时间对电机的峰值功率有重要影响，电动汽车从起步加速到 v_a 的时间为

$$
\begin{aligned}
t_a &= \frac{1}{3.6} \int_0^{v_a} \frac{\delta m}{F_{t1} + F_{t2} - H} \mathrm{d}v_x \\
&= \frac{1}{3.6} \int_0^{\min(v_{b1}, v_{b2})} \frac{\delta m}{F_{t1} + F_{t2} - H} \mathrm{d}v_x + \\
&\quad \frac{1}{3.6} \int_{\min(v_{b1}, v_{b2})}^{\max(v_{b1}, v_{b2})} \frac{\delta m}{F_{t1} + F_{t2} - H} \mathrm{d}v_x + \\
&\quad \frac{1}{3.6} \int_{\max(v_{b1}, v_{b2})}^{v_a} \frac{\delta m}{F_{t1} + F_{t2} - H} \mathrm{d}v_x
\end{aligned}
\tag{2.1}
$$

式中，m 为车辆整备质量（kg）；t_a 为加速时间（s）；δ 为汽车旋转质量换算系数；v_{b1} 为 n_{b1} 对应的车速（km/h），n_{b1} 为前电机基速（r/min）；v_{b2} 为 n_{b2} 对应的车速（km/h），n_{b2} 为后电机基速（r/min）；v_a 为车辆加速结束时的车速（km/h）；F_{t1} 为前电机提供的驱动力（N），F_{t2} 为后电机提供的驱动力（N）；$H = mgf + \dfrac{C_D A_v v_x^2}{21.15}$，其中 f 为滚动阻力系数，C_D 为风阻系数，A_v 为迎风面积（m²），v_x 为车辆速度（km/h）。

将式（2.1）分为 3 个区段的原因是本章的研究对象为四驱纯电动汽车，它包含前、后两个驱动电机，而电机外特性又包括恒功率区和恒转矩区两个阶段，它们的分界点为电机基速（该基速对应一个车速，通过车速与驱动力可获得电机功率），由于恒功率区和恒转矩区的电机峰值转矩计算是不一样的，在进行积分计算时需要采用分段积分。计算加速时间时，车辆的驱动力

最终由电机提供，因而需要知道 v_{b1} 和 v_{b2} 才能进行分段积分。

由于此处内容不是本章设计的重点，上述两个速度可根据工程经验确定，驱动力 F_{tj} 为

$$F_{tj} = \begin{cases} \dfrac{3600 P_{mjmax}\eta_j}{v_{bj}}, v \leqslant v_{bj} \\ \dfrac{3600 P_{mjmax}\eta_j}{v}, v > v_{bj} \end{cases}, \qquad j = 1,2 \qquad (2.2)$$

式中，P_{m1max} 和 P_{m2max} 分别为前电机和后电机的峰值功率（kW）；η_1 为前轴传动效率，η_2 为后轴传动效率。

由式（2.1）和式（2.2）可知，在求解加速时间时，F_{t1}、F_{t2} 为两个变量，无法求解方程，因而需要补充约束条件，这里基于设计前、后轴载荷比补充约束条件，即

$$P_{m1max} = \zeta P_{m2max} \qquad (2.3)$$

式中，ζ 为比例系数。

在多数情况下，传动比设计需要在动力源确定的情况下进行。本章的动力源在优化前是未知的，传动比也非本节的重点，为了便于计算，传动比可参考车辆传动比选取。基速、传动比和对应车速的关系为

$$n_{bj} = \frac{i_j v_{bj}}{0.377r}, \qquad j = 1,2 \qquad (2.4)$$

式中，r 为车轮滚动半径（m）；i_1 为前主减速器传动比；i_2 为后主减速器传动比。

四驱纯电动汽车的爬坡性能取决于电机的峰值输出转矩，爬坡度为

$$i_v = \tan\left[\arcsin\left(\frac{F_{t1} + F_{t2} - \dfrac{C_D A v_0^2}{21.15}}{mg} - f\right)\right] \times 100\% \qquad (2.5)$$

式中，v_0 为车辆爬坡时的规定车速（km/h）。

电机峰值功率应满足加速时间和爬坡度的要求，即满足式（2.1）和式（2.5）的要求。

2. 质量闭环算法设计

通过式（2.1）～式（2.5）可以获得满足动力性指标的电机参数（峰值功率、峰值转矩），这是在车辆整备质量已知的情况下获得的，针对车辆整

备质量未知的情况，本节设计了质量闭环算法。在介绍该算法之前，首先需要明确几个概念：参考车辆整备质量、对标车辆整备质量、参考车辆有效质量、对标车辆整备质量除去电机电池后的整车质量、设计整备质量、设计计算过程中的车辆整备质量、假定电池质量，以及设计过程中假设的电池质量。

质量闭环法需要获得参考车辆有效质量，即

$$m_{\mathrm{T}} = m_{\mathrm{v}} - m_{\mathrm{c}} \\ = m_{\mathrm{v}}^{(k+1)} - m_{\mathrm{m}}^{(k)} - m_{\mathrm{ba}} \qquad (2.6)$$

式中，m_{T} 为参考车辆有效质量（kg）；m_{v} 为参考车辆整备质量（kg）；m_{c} 为参考车辆电机电池质量之和（kg）；$m_{\mathrm{v}}^{(k+1)}$ 为第 k+1 代的设计整备质量（kg）；$m_{\mathrm{m}}^{(k)}$ 为第 k 代前后电机总质量（kg）；m_{ba} 为参考车辆电池质量（kg）。

第 k 代前后电机总质量为

$$m_{\mathrm{m}}^{(k)} = \frac{P_{\mathrm{m}}^{(k)}}{\rho_{\mathrm{m}}} \qquad (2.7)$$

式中，$P_{\mathrm{m}}^{(k)}$ 为设计整备质量为 $m_{\mathrm{v}}^{(k-1)}$ 时计算得到的前后电机总峰值功率（kW）；ρ_{m} 为电机的功率密度，这里假设其为常数。电机峰值功率计算同车辆整备质量已知的情况，即将设计整备质量视为已知的整备质量，实际该质量随着迭代次数的增加逐渐收敛。

质量闭环设计方法能够保证车辆的设计整备质量与参考车辆有效质量匹配合适，具体的设计流程如图 2.2 所示。

如图 2.2 所示，质量闭环设计流程的第一步是输入参考车辆有效质量 m_{T} 和参考车辆电池质量 m_{ba}；第二步是根据任意给定的第一代设计整备质量，结合式（2.1）～式（2.5）及式（2.7）计算所需的第一代前后电机总质量 $m_{\mathrm{m}}^{(1)}$；第三步是利用参考车辆有效质量 m_{T} 结合式（2.6）计算下一代设计整备质量；第四步是判断第 k 代设计车整备质量与第 k+1 代设计整备质量的差值是否小于 cona（极小的常量），如果小于 cona，则进入第五步，否则计算第 k+1 代前后电机总质量，计算方法同第二步，然后返回第三步；第五步是输出前后电机总质量和设计整备质量；最后一步是结束。通过上述流程可知，只要知道参考车辆有效质量和参考车辆电池质量，在确定设计指标后，就能得到理想的设计整备质量与前后电机总质量。之后，结合电机功率密度，即可求得电机峰值功率；结合式（2.6）和电池能量密度则能获得电池质量和电池容量；结合电机基速与峰值转速的关系，即可求得电机峰值转矩（四驱纯电动汽车的动力系统参数主要包括电机峰值功率、电机峰值转矩和电池容量）。

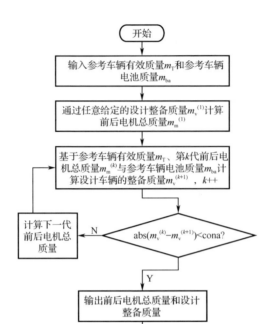

图 2.2 质量闭环设计流程

3. 质量闭环算法收敛性证明

对于迭代法，还要考察其收敛性，如果该迭代法是发散的，则代表它是失败的。首先需要构建算法模型，根据式（2.1）～式（2.7）可得

$$\begin{cases} m_{\mathrm{m}}^{(k+1)} = f_{\mathrm{ml}}(m_{\mathrm{v}}^{(k+1)}) \\ m_{\mathrm{v}}^{(k+1)} = m_{\mathrm{Tre}} + m_{\mathrm{ba}} + m_{\mathrm{m}}^{(k)} \end{cases} \tag{2.8}$$

该算法模型是关于 m_{v}、m_{m} 的非线性方程组，难以用解析法求解它。

由式（2.8）可知：

$$\begin{aligned} \Delta m_{\mathrm{v}}^{(k)} &= m_{\mathrm{v}}^{(k+1)} - m_{\mathrm{v}}^{(k)} \\ &= m_{\mathrm{m}}^{(k)} - m_{\mathrm{m}}^{(k-1)} \\ &= f_{\mathrm{ml}}(m_{\mathrm{v}}^{(k)}) - f_{\mathrm{ml}}(m_{\mathrm{v}}^{(k-1)}) \\ &= \Delta m_{\mathrm{m}}^{(k)} \end{aligned} \tag{2.9}$$

式中，$\Delta m_{\mathrm{m}}^{(k)}$ 为第 k 代前后电机总质量与第 $k-1$ 代前后电机总质量之差（kg）；$\Delta m_{\mathrm{v}}^{(k)}$ 为第 $k+1$ 代设计整备质量与第 k 代设计整备质量之差（kg）。

在确定设计指标的情况下，车辆整备质量的增加（减少）会导致电机总质量和电池质量的增加（减少），式（2.8）中的第一行公式遵循该规律，因此在迭代计算过程中，前后电机总质量的变化小于设计整备质量的变化，

故有

$$\Delta m_{\mathrm{m}}^{(k)} < m_{\mathrm{v}}^{(k)} - m_{\mathrm{v}}^{(k-1)} = \Delta m_{\mathrm{v}}^{(k-1)} \tag{2.10}$$

由式（2.9）和式（2.10）可得

$$\Delta m_{\mathrm{v}}^{(k)} = \frac{\Delta m_{\mathrm{v}}^{(k-1)}}{k_{k-1}}$$
$$= \frac{\Delta m_{\mathrm{v}}^{(1)}}{k_1 k_2 \cdots k_{k-1}} \tag{2.11}$$

式中，$k_n > 1$，$n = 1, 2, \cdots, k-1$。

故有

$$\lim_{k \to \infty} \Delta m_{\mathrm{v}}^{(k)} = \lim_{k \to \infty} \frac{\Delta m_{\mathrm{v}}^{(1)}}{k_1 k_2 \cdots k_{k-1}}$$
$$= 0 \tag{2.12}$$

即当 $k \to \infty$ 时，第 $k+1$ 代设计整备质量与第 k 代设计整备质量之差趋于 0，由此可证明该质量闭环算法收敛。

2.3.2　动态规划优化模型

动态规划是一种全局最优的优化方法，属于运筹学的一个分支。20 世纪 50 年代，美国数学家贝尔曼等人在研究多阶段决策过程优化问题时，提出了最优化原理，从而创立了该方法。动态规划的基本思想是将问题分解成若干子问题，通过求解子问题，得到原问题的解。其应用非常广泛，包括工程技术、经济、工业生产、军事及自动化控制等领域。从本质上讲，动态规划适用于可以将求解过程分解为若干相互联系的阶段，并且各个阶段都需要做出决策，通过整体效果最优，获取最优决策序列的情况。各个阶段的决策不能任意确定，它不仅与当前的状态有关，还与以后的状态转移有关，因此，动态规划说明了单一阶段的最优决策并不一定是整个决策过程的最优决策。

动态规划的学术术语包括阶段、状态、无后效性、决策和策略。其中，阶段是指把求解问题的过程分成若干相互联系的阶段，其目的是方便求解，过程不同，阶段数可能不同；状态表示每个阶段开始面临的自然状况或客观条件，它不以人的主观意志为转移，也称为不可控因素；无后效性是指如果给定某一阶段的状态，则在该阶段之后过程的发展不受该阶段之前各段状态的影响，当所有阶段都确定时，整个过程也就确定了；决策是指在一个阶段的状态给定后，从该状态演变到下一阶段某个状态的一种选择（行动）；策略是指每个阶段的决策所组成的序列。

由 2.3.1 节可知，除电机质量外，还需要知道电池质量才能实现电动汽车参数闭环优化，然而在设计前无法确定电池质量，这里可将该问题转化为两个问题去解决：①假定电池质量；②假定电池质量是否合适。如果假定电池质量合适，则能解决电池质量的问题。有关假定电池质量的内容将在 2.3.3 节中阐述。对于假定电池质量是否合适的问题，其评价标准为假定电池质量与由工况法折算出的电池质量是否一致，由工况法折算出的电池质量与电耗有关，而动态规划能够通过优化前、后电机的转矩分配获得最优电耗，因此本节重点阐述动态规划优化模型。

本节选取车速作为动态规划优化模型的阶段变量，可使该模型适用于任何工况的参数设计优化，从而满足不同工况下电动汽车的参数设计。

在动态规划优化模型中，选取前、后电机的转矩分配系数 u_{m} 作为决策变量，即

$$u_{\mathrm{m}} = \frac{T_{\mathrm{m1}}}{T_{\mathrm{mt}}} \tag{2.13}$$

式中，T_{m1} 为前电机转矩（N·m）；T_{mt} 为电机端车辆需求总转矩（N·m）。

在动态规划优化模型中，选取车辆电耗为指标函数，即

$$Q_{\mathrm{ve}} = f(P_{\mathrm{m1}}, P_{\mathrm{m2}}, \eta_{\mathrm{m1}}, \eta_{\mathrm{m2}}, \eta_{\mathrm{ba}}) \tag{2.14}$$

式中，Q_{ve} 为车辆电耗（kW·h）；P_{m1} 为前电机功率（kW）；P_{m2} 为后电机功率（kW）；η_{m1} 为前电机效率；η_{m2} 为后电机效率；η_{ba} 为电池充放电效率。实际上车辆电耗还与采样周期有关，由于本章采用的工况采样周期为 1s，因而未在该函数中列出（不影响车辆电耗计算）。

在动态规划优化模型中，选取电池荷电状态（SOC）作为状态变量，采用安时法计算 SOC，即

$$\mathrm{SOC}(t) = \mathrm{SOC}_0 - \frac{\int_0^t I(t)\mathrm{d}t}{Q_{\mathrm{ba}}} \tag{2.15}$$

式中，SOC_0 为电池 SOC 的初值；Q_{ba} 为电池总电量（kW·h）；$I(t)$ 为电池电流（A）；$\mathrm{SOC}(t)$ 为 t 时刻电池的 SOC。SOC 作为状态变量能满足动态规划无后效性的要求。

通过对式（2.15）进行微分，可得动态规划优化模型中的状态转移方程，即

$$S_{\mathrm{n}} = S_{\mathrm{v}} - \frac{I}{Q_{\mathrm{ba}}} \tag{2.16}$$

式中，S_n 为电池下一阶段的 SOC；S_v 为电池当前阶段的 SOC。

2.3.3 遗传算法优化模型

遗传算法提供了一种求解复杂系统优化问题的通用框架，该算法不依赖于问题的具体领域，具有很强的鲁棒性，因而应用广泛，主要包括函数优化、组合优化、生产调度问题、自动控制、机器人学、图像处理、遗传编程和机器学习等。下面就遗传算法的相关发展、理论及步骤做详细介绍。

遗传算法是模拟生物在自然环境中的遗传和进化过程所形成的一种自适应全局优化概率搜索算法。它最早由美国密歇根大学的 Holland 教授提出，起源于 20 世纪 60 年代对自然和人工自适应系统的研究。20 世纪 70 年代，De Jong 基于遗传算法思想在计算机上进行了大量纯数值函数优化实验。在一系列研究工作的基础上，Goldberg 在 20 世纪 80 年代进行了归纳总结，正式形成了遗传算法的基本框架。

遗传算法针对特定问题建立指定的适值函数，通过对当代个体进行评价、筛选、遗传，经过遗传迭代多次获得对于环境适应最佳的个体，即为最优个体寻找的遗传算法。基于对自然界中生物遗传与进化理论的模仿，形成具有多优点全方位的全局优化算法。在对实际问题进行遗传算法求解时，对于该问题所有可能的解都是存在的一个个体，也就是编码"染色体"中的一个，这些编码的"染色体"共同组成对应于该问题的"种群"（可能解）。开始进行遗传算法时，初始几次迭代所得的部分个体是遗传算法的初始解，基于指定的适值函数对初次迭代产生的个体进行评估，根据评估结果，判断一个对于实际问题的最佳适应度值；针对所判断的最佳适应度值选取最优个体进行数次复制遗传迭代，在该过程中选取最优个体体现了"优胜劣汰"的遗传生存思想，即最佳个体进行筛选复制，非最佳个体被淘汰。在选择最佳适应个体进行筛选和遗传迭代的过程中，个体的适应值越趋于最佳适应度值，被选中作为遗传迭代父辈的概率越大，满足概率分布，真实体现了自然界中"优胜劣汰"的法则。基于遗传迭代产生的个体将继续组成种群，继续进行遗传迭代，在经过数次迭代后获取最接近最佳适应度值的个体，即可获得全局优化后的最优解。

在遗传算法中寻找特定问题最优解的相关理论：首先需要对可行解进行编码，寻找全局优化的解，即优化特定问题中的可行解，编码过程对应的解码过程是将寻找解的过程转向解的空间优化。二进制编码、浮点数编码和参数动态编码是当前遗传算法主流的编码方法。二进制编码应用时间最早，由0、1符号表示空间可行解，编码符号串越长，求解精度越高，但是对于实际问题中的编码求解，二进制编码符号的长度有限，二进制编码的求解精度也有限，因此，二级制编码很难处理高精度、多维问题。浮点数编码是基于二进制编码的优化，它由符号位（区分正负）、阶码（十进制转二进制小数点移动位数）及尾数（阶码中去除第一个符号1的小数点后的二进制编码）等组成，基于二进制优化的浮点数编码虽能提高计算精度，但因基于二进制算法，求解精度仍有一定限制。参数动态编码是类似空间尺度变换的搜索方法，也是一种相对高精度的编码方式。在完成编码后，需要对相应基因进行相应操作，包括选择、交叉、变异。其中，选择是在特定种群中筛选优良个体，提高遗传算法效率，优良个体的筛选以最佳适应度值为参照标准，反复筛选各代中的优良个体，保证遗传算法在群里快速实施，一代一代地进行繁殖遗传，从而保证优良个体基因保存在群体中。交叉又称为重组，即相关群体的父辈个体在相应的概率下交换保存在个体内的遗传基因信息，其目的是通过交叉来繁殖新个体。遗传算法的交叉操作有别于其他进化算法，主要体现在进行序号编码时的策略与实数编码、浮点数编码及组合优化不同。算术交叉、单点交叉和多点交叉等是基本的交叉算子，广泛用于浮点数编码个体或者二进制编码个体。除选择和交叉的基因操作外，基因还会进行小概率的变异。变异是指在小概率条件下，个体遗传信息中的个别或部分编码信息发生改变，从而产生新的个体。通过融合基因选择和交叉操作，弥补基因选择和交叉运算操作过程中重要信息的丢失，有效维持了相关群体中个体的多样性。交叉算法主要对遗传算法的全局搜索能力起决定性影响，变异算法则对遗传算法的局部搜索能力起决定性影响，适用于遗传算法的变异算子包括高斯变异、边界变异和均匀变异等。

　　基于遗传算法的相关理论，可以得出遗传算法的步骤：首先建立优化问题的目标参数，并将目标参数通过编码转换为二进制参数值，随后进行相关运算；其次，在随机概率下产生相关数量的种群，确立适值函数，并对随机产生的种群中的个体相对于适值函数值进行排序，保留其中适应值高的优势个体，去除其中适应值低的劣势个体（选择过程）；最后，将种群中保留下来的优势个体通过杂交和变异来获得新种群（交叉、变异过程），并进行反复遗传迭代，每次都保留优势个体，直至种群中的个体适应值差别几乎可以忽略不计或已达到遗传迭代的最大次数，遗传算法即结束运行并解码输出。

使用遗传算法寻找指定问题的全局最优方法进行求解时，需要处理相关约束条件，目前主要利用两种方式来解决具体问题：①罚函数法，即以降低指定种群中个体的最佳适应度值来解决可行解在约束空间中不满足最低约束条件的问题；②变换可行解法，主要针对交叉运算、个体编码要求较低的种群中的个体，该方法是在全局优化搜索过程向解空间转换过程中，增加满足约束条件的处理方式，以使新个体尽可能地满足约束条件的要求。

遗传算法是对指定问题的全局优化寻求最优解的方法，与传统优化算法不同，它具有以下特点：

（1）自学习适应性。在应用遗传算法对指定问题进行求解并确定了编码形式、适值函数和遗传算子后，遗传算法将根据相关规律演化进程获取有效信息进行自适应组织搜索。例如，在自然界生物遗传中，遗传算法根据"优胜劣汰"的自然法则，通过基因操作（交叉、突变）获取包含更优良基因的个体，通过繁殖遗传将更优良的个体基因保存在子代基因中，以此往复，因此非结构化的相关问题可适应遗传算法进行高效求解。

（2）随机性。遗传算法过程涉及交叉和变异操作，它们都是随机进行的，在同一种群中，除硬性遗传法则要求外，种群中的个体基因都有相互交叉或变异的可能。

（3）并行性。并行性主要应用于遗传算法过程中的搜索过程，它主要包括隐含和固有两种并行性。隐含并行性主要指种群分组、个体适应评价和基因操作等的并行性；固有并行性是指遗传算法在多台计算机中独立进行遗传优化时，计算机间不能相互通信，只有遗传算法运行完成后才能进行通信交流。

（4）多优解性。当对于指定问题进行遗传算法的多目标优化时，遗传算法可能给出不唯一的最优解，最终选择哪一种最优解，由操纵者根据实际问题进行权衡。

（5）灵活性。遗传算法在全局优化寻找最优解时具有一定的概率，全局最优解收缩灵活，参数对搜索的影响较小，从而使遗传算法最优解搜索具有相对灵活性。

（6）扩展性。在进行遗传算法繁殖进化的过程中，其他技术能够与遗传算法共同使用，从而使全局优化算法得到广泛应用。

遗传算法主要模仿自然界生物进化的方式，通过将实际问题转化为数学模型问题，实现特殊问题全局最优解的快速寻找，在求解复杂性、大规模和非线性等问题方面具有鲁棒性强、优化效果好、简单易行等优势，但是对于部分复杂问题的求解，遗传算法也存在一定的局限性。例如，在对一些相当复杂的问题使用遗传算法寻求最优解时，有很大概率会陷入局部寻优的局面，导致收敛速度减缓并在收敛至全局最优解附近时开始左右震荡，很难保证精确逼近问题的全局最优解。此外，自然界中的生物在进化时，其所处的环境也会面临一定的变化，导致种群中个体的参数动态变化，进而对遗传算法结果的精确度和算法的效率产生很大影响。为了解决遗传算法在部分复杂问题求解方面的局限性，遗传算法正在不断改进，相关研究分别从编码方式、种群建立、适值函数的确立及遗传操作手段等方面进行完善。现有实践证明，遗传算法在问题优化、车间生产调度、自动控制应用、智能机器控制和计算机视觉等领域均有成功应用的案例。问题优化主要包括组合优化和函数优化两种，而遗传算法的常用领域是函数优化，它能发挥优越的性能。车间生产调度利用数学建模很难进行准确求解，但应用遗传算法能够有效提高车间生产规划、任务分配及调度方面的效率。自动控制领域涉及部分优化问题，而优化问题的有效解决方式又回归到问题优化方面，因此遗传算法能够高效解决自动控制应用中的优化问题。智能机器控制主要指通过智能控制机器替代人工完成某些工作，遗传算法在机械臂运动学轨迹、机器人路径规划等方面应用广泛。计算机视觉是伴随互联网兴起而发展起来的一个领域，通过计算机视觉能够进行图像方面的扫描或提取部分特征等操作，但是计算机视觉与图像之间存在一定差距，应用遗传算法的优化计算则能准确识别目标，高效获取指定信号。解决遗传算法的不足，发挥其优势，推动其应用范围变宽，不仅可以提高相关工作的生产效率，更能带来技术上的变革。

基于对自然界中生物遗传与进化机理的模仿，许多学者设计了不同的编码方法来表示问题的可行解。这些方法都有一些共同的特点，即将问题最优解的自适应搜索过程通过选择、交叉和变异等操作实现。这些操作可以很方便地通过计算机语言实现。遗传算法是一个迭代过程，通过反复进行选择、交叉和变异等操作作用于种群，不断搜索出适应度较高的个体，并在种群中逐渐增加其数量，最终得到问题的最优解或近似解。遗传算法的求解过程虽然是一个复杂的过程，但现代仿真软件如 MATLAB 通过确定决策变量和约束条件、目标函数等内容即可方便地获得最优解。

这里以前文提过的假定电池质量和由工况法折算出的电池质量为例，假定电池质量通过遗传算法中的粒子给定，以电池质量是否合适作为遗传算法的目标函数，即参数优化的目标：遗传算法假定的电池质量与采用工况法求得的电池质量之差应尽可能小，因此可得参数优化的目标函数为

$$f_1(m_{ba}) = \min(|m_{ba} - m'_{ba}|), \ m_{ba} > 0 \tag{2.17}$$

式中，m'_{ba} 为在假定电池质量为 m_{ba} 时，由质量闭环算法求得动力系统参数（电机峰值功率和电池质量——假定电池质量）的情况下，基于当前动力系统参数通过动态规划求得的电池质量（kg）。

该算法的变量仅有假定电池质量，其约束条件满足：

$$0 < m_{ba} < \gamma f_2(m, v_x, f, S_0, S_v, \rho_{ba}) \tag{2.18}$$

式中，γ 为安全系数，$\gamma > 1$；f_2 为车辆需求的电池质量（kg）；S_v 为车辆设计续驶里程（km）；S_0 为特定工况下的行驶里程（km）；ρ_{ba} 为电池能量密度。

基于动态规划算法获得最优电耗，由工况法折算出电池质量，即

$$m'_{ba} = \frac{1000 Q_{e0} S_v}{S_0 \rho_{ba}(1-\alpha)} \tag{2.19}$$

式中，Q_{e0} 为特定工况下车辆消耗的能量（kW·h），即动态规划算法在工况结束时的电耗（Q_{ve}）；α 为电池 SOC 的下限。

遗传算法的遗传操作包括选择、保优、交叉、变异，通过遗传操作产生新的种群，实现种群进化。

2.3.4　闭环优化模型

上文分别对质量闭环算法模型、动态规划优化模型和遗传算法优化模型进行了阐述，结合上述模型，这里提出一种参数闭环优化设计方法，其运行流程如图 2.3 所示，具体如下：首先由遗传算法产生种群（m_{ba}）并传至质量闭环算法，然后由质量闭环算法计算整车的动力系统参数，基于这些参数，再由动态规划结合工况信息得出控制策略优化参数（电机转矩分配系数）和电耗，最后由遗传算法根据电耗折算出电池质量并判断是否满足退出条件（conb 为数值极小的常数），若不满足，则进行遗传操作，如此循环直至满足退出条件，最终得到车辆整备质量、动力系统参数和优化后的控制策略参数。

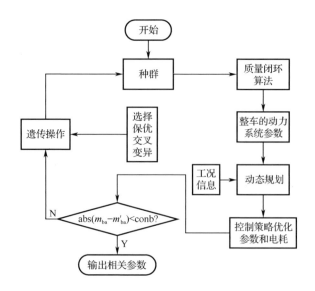

图 2.3　参数闭环优化设计方法的运行流程

2.4　对比优化方法设计及仿真分析

2.4.1　对比优化方法设计

为了验证上文提出的参数闭环优化设计方法的优劣性，这里设计了对比优化方法，包括假定整备质量优化方法和转矩等比分配优化方法。其中，假定整备质量优化方法是指在车辆整备质量已知的情况下（用于模拟有经验的工程师选定车辆整备质量的情况），采用遗传算法及动态规划进行设计的优化方法。与参数闭环优化设计方法相比，它没有质量闭环算法，车辆必要的动力系统参数在动态规划中给出。假定整备质量优化方法的运行流程如图 2.4 所示。

车辆必要的动力系统参数通过式（2.1）～式（2.5）获得（电机峰值功率和假定电池质量），与参数闭环优化设计方法相比，没有确定的参考车辆有效质量，输出相关参数也没有车辆整备质量，假定整备质量存在以下关系：

$$m_v' = m_T' + m_m + m_{ba} \tag{2.20}$$

式中，m_v' 为假定整备质量（kg）；m_T' 为假定有效质量（kg），这两个变量与参数闭环优化设计方法中的相关变量（m_v 和 m_T）意义相似。

转矩等比分配优化方法与参数闭环优化设计方法的区别是其决策变量为常数，它的运行流程如图 2.5 所示。

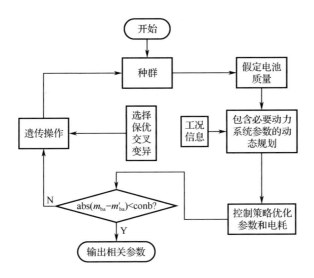

图 2.4　假定整备质量优化方法的运行流程

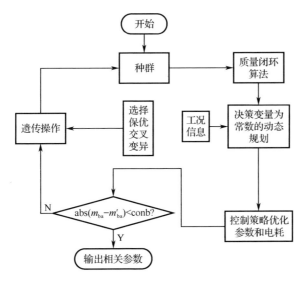

图 2.5　转矩等比分配优化方法的运行流程

2.4.2　仿真分析

为了验证上文提出的参数闭环优化设计方法的有效性，这里基于
MATLAB 仿真平台进行仿真验证。目前，我国已经测出符合本国道路情况的
乘用车行驶工况——CLTC-P 工况，该工况已经在 GB/T 38146.1—2019《中
国汽车行驶工况　第 1 部分：轻型车辆》及 GB/T 38146.2—2019《中国汽车

行驶工况 第 2 部分：重型商用车辆》的征求意见函中给出，很多科研院所和车企在进行参数优化设计时都被鼓励采用新提出的工况。因此，这里选用 NEDC 工况和 CLTC-P 工况进行相同设计指标下的参数设计。

针对设计选取的参考车辆主要技术参数及设计指标见表 2.1。

表 2.1 参考车辆主要技术参数及设计指标

项　目	参　数	取　值
整车参数	车辆有效质量/kg	1414.5
	车轮滚动半径/m	0.372
	迎风面积/m²	2.51
	风阻系数	0.31
	重心到前轴距离/轴距	4/9
	滚动阻力系数	0.0065
电机	前电机基速对应车速/（km/h）	60
	后电机基速对应车速/（km/h）	65
主减速器	前主减速器传动比	9.01
	后主减速器传动比	9.01
设计指标	续驶里程/km	≥400
	百公里加速时间/s	≤6
	最高车速/（km/h）	≥150
	最大爬坡度	≥45%

由于电机峰值功率在优化过程中会发生变化，电机模型也会发生变化，故而通过对基础电机模型进行缩放获得所需的电机模型，前、后电机的基础数值模型（-64kW 和-80kW）分别如图 2.6、图 2.7 所示。

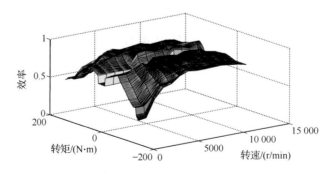

图 2.6　前电机的基础数值模型（-64kW）

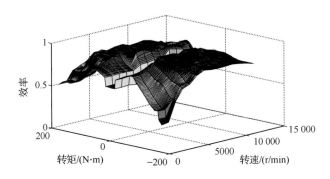

图 2.7　后电机的基础数值模型（-80kW）

图 2.6、图 2.7 所示的电机数值模型反映了电机驱动和制动两种状态，转矩大于零的为驱动状态数值模型，转矩小于零的为制动状态数值模型。电机总峰值功率发生变化时，需要进行缩放，其缩放系数为

$$\text{SF} = \frac{P_{m1max} + P_{m2max}}{144} \tag{2.21}$$

在优化过程中，电池电量也会发生变化（因为每个整备质量在确定设计指标下均对应一个合适的电池质量），电池电量为

$$Q_{ba} = \frac{\rho_{ba} m_{ba}}{3600 V_{ba} e_{ba}} \tag{2.22}$$

式中，V_{ba} 为电池标称电压（U）；e_{ba} 为电池充放电效率。假设优化过程中，电池标称电压 V_{ba}、电池充放电效率 e_{ba} 和电池能量密度 ρ_{ba} 均为常数。

如图 2.8 所示，NEDC 工况为常用工况，这里不再详细介绍；CLTC-P 工况包括低速、中速、高速 3 个速度区间，总时长为 1800s，其中低速、中速和高速所占比例分别为 37.4%、38.5% 和 24.1%，平均车速为 29km/h，最高车速为 114km/h。

NEDC 工况和 CLTC-P 工况假定的车辆整备质量分别为 2100kg 和 2000kg；下面先对 CLTC-P 工况的仿真结果进行分析，再对 NEDC 工况的仿真结果进行分析。

图 2.9 所示为 CLTC-P 工况下 3 种优化方法对应的 SOC 变化情况。由图可见，3 种优化方法的 SOC 初值均取 0.7，仿真结束时，参数闭环优化设计方法的 SOC 下降了 4.2455%，假定整备质量优化方法的 SOC 下降了 4.3488%，转矩等比分配优化方法的 SOC 下降了 4.3814%。由此可知，采用参数闭环优化设计方法的 SOC 下降最少。

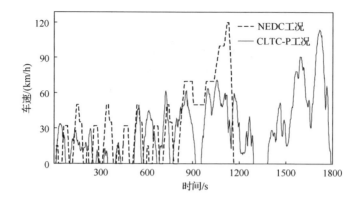

图 2.8　NEDC 工况和 CLTC-P 工况

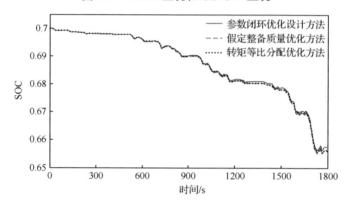

图 2.9　CLTC-P 工况下 3 种优化方法对应的 SOC 变化情况

图 2.10 所示为 CLTC-P 工况下 3 种优化方法对应的电耗变化情况。由图可见，参数闭环优化设计方法的电耗是 3 种优化方法中最小的。参数闭环优化设计方法的电耗为 1.8692kW·h，假定整备质量优化方法的电耗为 1.9961kW·h，转矩等比分配优化方法的电耗为 2.3072kW·h。通过分析可知，参数闭环优化设计方法的电耗比转矩等比分配优化方法的电耗下降了 18.98%，比假定整备质量优化方法的电耗下降了 6.36%。

图 2.11 所示为 CLTC-P 工况下 3 种优化方法对应的转矩分配系数变化情况。由图可见，在采用转矩等比分配优化方法的情况下，转矩分配系数为一段水平线，这说明该方法下的车辆电机转矩等比分配；在采用参数闭环优化设计方法和假定整备质量优化方法的情况下，转矩分配系数均为变化的曲线且二者不完全一致，这说明同一工况下，转矩分配系数需要优化才能得到最佳电耗。

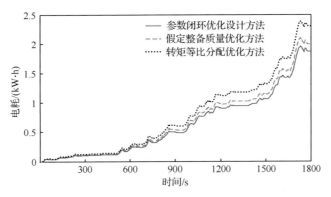

图 2.10　CLTC-P 工况下 3 种优化方法对应的电耗变化情况

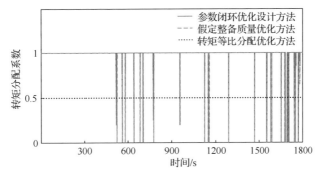

图 2.11　CLTC-P 工况下 3 种优化方法对应的转矩分配系数变化情况

图 2.12 所示为 CLTC-P 工况下 3 种优化方法对应的遗传优化情况。其中，图 2.12（a）展示了适应度随代数变化的情况，由图可见，3 种优化方法的平均适应度和最优适应度均随着代数的增加而逐渐减小；图 2.12（b）展示了 3 种优化方法的最优个体，即最优的假定电池质量，由图可见，参数闭环优化设计方法获得的最优个体最小。

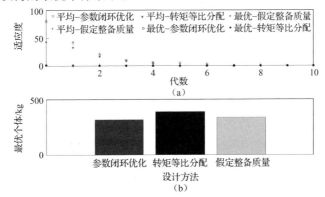

图 2.12　CLTC-P 工况下 3 种优化方法对应的遗传优化情况

表 2.2 给出了 CLTC-P 工况下，采用 3 种优化方法得到的车辆动力系统参数。由该表可知，采用参数闭环优化设计方法得到的车辆整备质量比采用假定整备质量优化方法下降了 9.27%，比采用转矩等比分配优化方法下降了 4.12%。结合表 2.1 和式（2.20）可知假定整备质量优化方法需要增加 156.13kg 配重才能满足指标要求，如果不增加配重，将会在实际生产中出现实际指标高于设计指标的问题，而采用参数闭环优化设计方法可以有效避免该问题。

表 2.2　CLTC-P 工况下 3 种优化方法对应的车辆动力系统参数

类　别	参　数	取　值
参数闭环优化设计方法	前电机峰值功率/kW	96
	后电机峰值功率/kW	120
	电机总质量/kg	82.13
	电池能量/（kW·h）	64.54
	电池质量/kg	317.93
	车辆整备质量/kg	1814.54
假定整备质量优化方法	前电机峰值功率/kW	105
	后电机峰值功率/kW	131.25
	电机总质量/kg	89.83
	电池能量/（kW·h）	68.93
	电池质量/kg	339.54
	车辆整备质量/kg	2000
转矩等比分配优化方法	前电机峰值功率/kW	100
	后电机峰值功率/kW	125
	电机总质量/kg	85.55
	电池能量/（kW·h）	79.65
	电池质量/kg	392.35
	车辆整备质量/kg	1892.39

为了验证上文提出的参数闭环优化设计方法的通用性，这里还针对设计指标相同的参考车辆在 NEDC 工况下进行参数闭环优化设计方法和对比优化方法的仿真验证。

图 2.13 所示为 NEDC 工况下 3 种优化方法对应的 SOC 变化情况。从图

中可以看出，3 种优化方法的 SOC 初值均取 0.7，仿真结束时，参数闭环优化设计方法的 SOC 下降了 3.104%，假定整备质量优化方法的 SOC 下降了 3.185%，转矩等比分配优化方法的 SOC 下降了 3.266%。

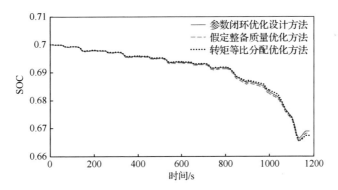

图 2.13　NEDC 工况下 3 种优化方法对应的 SOC 变化情况

图 2.14 所示为 NEDC 工况下 3 种优化方法对应的电耗变化情况。从图中可以看出，参数闭环优化设计方法的电耗在 3 种优化方法中是最小的。参数闭环优化设计方法的电耗为 1.6027kW·h，假定整备质量优化方法的电耗为 1.7216kW·h，转矩等比分配优化方法的电耗为 1.9210kW·h。通过分析可知，参数闭环优化设计方法的电耗比转矩等比分配优化方法的电耗下降了 16.57%，比假定整备质量优化方法的电耗下降了 6.91%。

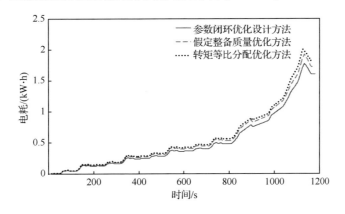

图 2.14　NEDC 工况下 3 种优化方法对应的电耗变化情况

图 2.15 所示为 NEDC 工况下 3 种优化方法对应的转矩分配系数变化情况。从图中可以看出，在采用转矩等比分配优化方法的情况下，转矩分配系

数为一段水平线，这说明该方法下的车辆电机转矩等比分配；在采用参数闭环优化设计方法和假定整备质量优化方法的情况下，转矩分配系数均为变化的曲线且二者不完全一致，这说明不同工况下，转矩分配系数的优化结果不同。

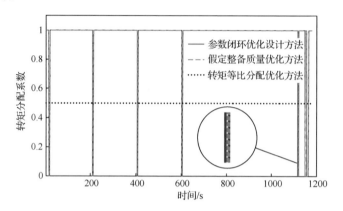

图 2.15　NEDC 工况下 3 种优化方法对应的转矩分配系数变化情况

图 2.16 所示为 NEDC 工况下 3 种优化方法对应的遗传优化情况，它与图 2.12 所示的情况类似。由图 2.12 和图 2.16 可知遗传算法是收敛的，从而间接证明了质量闭环算法的收敛性。

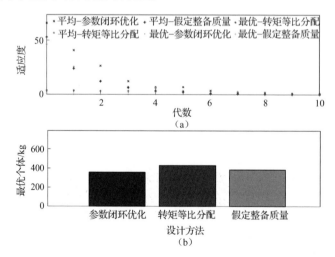

图 2.16　NEDC 工况下 3 种优化方法对应的遗传优化情况

经过优化后，NEDC 工况下 3 种优化方法对应的车辆动力系统参数见表 2.3。

表 2.3　NEDC 工况下 3 种优化方法对应的车辆动力系统参数

类　别	参　数	取　值
参数闭环优化设计方法	前电机峰值功率/kW	98
	后电机峰值功率/kW	122.5
	电机总质量/kg	83.84
	电池能量/(kW·h)	72.71
	电池质量/kg	358.2
	车辆整备质量/kg	1856.53
假定整备质量优化方法	前电机峰值功率/kW	110
	后电机峰值功率/kW	137.5
	电机总质量/kg	94.11
	电池能量/(kW·h)	78.09
	电池质量/kg	384.7
	车辆整备质量/kg	2100
转矩等比分配优化方法	前电机峰值功率/kW	102
	后电机峰值功率/kW	127.5
	电机总质量/kg	87.26
	电池能量/(kW·h)	87.14
	电池质量/kg	429.28
	车辆整备质量/kg	1931.03

　　由表 2.3 可知，采用参数闭环优化设计方法得到的车辆整备质量比采用假定整备质量优化方法下降了 11.59%，比采用转矩等比分配优化方法下降了 3.86%。结合表 2.1 和式（2.20）可知假定整备质量优化方法需要增加 206.69kg 配重才能满足指标要求。

　　上文在 CLTC-P 工况和 NEDC 工况下对 3 种优化方法进行了仿真验证，其结果表明采用参数闭环优化设计方法能够得到合理的车辆动力系统参数和控制策略参数（转矩分配系数），同时也说明了假定整备质量的选取如果不合理，将会造成设计偏差，导致成本增加。

2.5　小结

　　（1）本章提出了一种能够解决因车辆整备质量未知而难以获取车辆动力

性约束问题的质量闭环算法，并从理论上证明了其收敛性，在此基础上又提出了一种包含质量闭环算法、动态规划和遗传算法的四驱纯电动汽车参数闭环优化设计方法。

（2）在 CLTC-P 工况和 NEDC 工况下，采用参数闭环优化设计方法得到的电耗比采用转矩等比分配优化方法和假定整备质量优化方法得到的电耗都小，转矩分配系数在不同工况下是不同的。

（3）采用参数闭环优化设计方法能够有效提高参数设计的合理性，为四驱纯电动汽车的动力系统参数设计和控制策略优化提供了参考。本章提出的优化设计方法对纯电动汽车正向开发具有重要的理论意义和工程应用价值。

（4）本章中的研究是在假定电机功率密度、电池能量密度均为常数的情况下进行的，而在实际开发过程中，电机功率密度、电池能量密度并非常数。在后续研究中，将通过大量调研数据绘制电机功率密度曲线和电池能量密度曲线，以使优化参数更接近实际值。

第3章

基于预测优化的四驱纯电动汽车再生
制动控制

3.1 引言

纯电动汽车是一类具有零排放功能的交通工具，续驶里程短则是制约其推广应用的重要因素，再生制动是实现纯电动汽车能量高效利用的关键，对延长其续驶里程至关重要。因此，研究纯电动汽车再生制动控制具有重要意义。

本章针对四驱纯电动汽车常规制动过程能量高效回收问题，提出了一种基于预测优化的再生制动控制策略，该策略通过自适应三次指数预测对车速和制动强度进行预测，同时融合两阶段动态规划，在满足制动法规、路面约束和车辆自身约束的条件下对电机制动力矩和轮缸制动压力进行优化，实现车辆的预测优化控制。

3.2 车辆系统结构和纵向动力学模型

3.2.1 车辆系统结构

如图 3.1 所示，与第 2 章中的车辆动力系统结构相比，车辆系统结构中增加了制动系统。制动系统包括制动踏板、制动单元及制动轮缸（可简称为轮缸）等，制动单元与制动轮缸之间通过管路连接。制动系统的作用是使车辆减速，电机作为二次元件也能产生制动力矩使车辆制动，在该过程中，电机通过将车辆的动能转换为电能给电池充电进行能量回收。因此，电机与制动系统的配合可使车辆在制动过程中回收能量，提高车辆的能量利用效率。

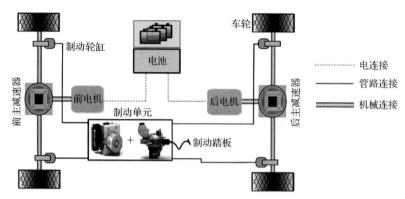

图 3.1　车辆系统结构示意图

3.2.2　车辆纵向动力学模型

车辆模型能否反映车辆的动态特性是实现精确控制的关键，因为本章仅进行纵向制动分析，所以将车辆模型简化为左右对称的模型（涉及的左、右轮参数均以单个车轮为例进行阐述，简称为前轮、后轮），建立的车辆模型包括整车动力学模型、电机效率模型和动态模型、传动系统模型、电池模型、轮缸模型和轮胎模型。

1. 整车动力学模型

整车动力学研究的是车辆的运动，纵向动力学、垂向动力学和操纵动力学是其 3 个主要方面。其中，纵向动力学的研究内容是车辆直线运动和控制，主要包括车辆在前进方向上的受力与其运动的关系。根据车辆的不同工况，又可将其分为驱动动力学和制动动力学两部分。驱动动力学的研究内容是车辆驱动轮上所需的力矩、功率和能量消耗，以此来评价车辆的驱动性能与燃油经济性。车辆的驱动性能主要包括加速能力、爬坡能力和最高车速等。其中，加速能力用加速时间表示，主要包括原地起步加速时间和超车加速时间；爬坡能力用满载（或某一负载质量）时车辆在良好路面上的最大爬坡度表示；最高车速就是车辆在水平良好的路面上所能达到的最高车速。分析车辆的驱动动力学时，首先要分析车辆的行驶阻力，它代表了车辆对动力和功率的需求。相应地，车辆的动力与传动系统为车辆提供了动力，路面附着系数又影响了供需之间的平衡关系，从而影响了车辆的驱动能力。制动动力学的研究内容是车辆制动时的性能，其评价方式可以分为以下 3 方面：①制动效能，即制动距离与制动减速度；②制动效能的稳定性，即车辆在高速行驶或者长下坡连续制动时能够保持一定制动效能的程度，又称为抗热衰退性能；③制动时的方向稳定性，即车辆在制动时不发生跑偏、侧滑和失去转向能力的性能。制动动力学通常用制动时车辆按给定路线行驶的能力进行评价。

车辆行驶方程是模拟车辆行驶的关键，根据牛顿第二定律建立车辆制动过程中的行驶方程，即

$$F_\mathrm{b} + F_\mathrm{f} + F_\mathrm{w} + F_\mathrm{i} = \delta m a_\mathrm{v} \tag{3.1}$$

式中，F_b 为车辆制动力（N）；F_f 为滚动阻力（N）；F_w 为风速阻力（N）；F_i 为坡道阻力（N）；δ 为车辆旋转质量换算系数；m 为车辆整备质量（kg）；a_v 为车辆加速度（m/s²）。

车辆制动强度是车辆的关键参数，其表达式为

$$z = \frac{-a_\mathrm{v}}{g} \tag{3.2}$$

式中，z 为车辆制动强度；g 为重力加速度（m/s²）。

车辆前、后轴载荷随制动强度变化而变化，与轮胎力的产生密切相关，其数学模型为

$$\begin{cases} F_\mathrm{zf} = G\dfrac{L_\mathrm{r} + z h_\mathrm{g}}{2L} \\ F_\mathrm{zr} = G\dfrac{L_\mathrm{f} - z h_\mathrm{g}}{2L} \end{cases} \tag{3.3}$$

式中，F_zf、F_zr 分别为前、后轮载荷（N）；$G=mg$，为车辆重力（N）；L_f 为重心到前轴的距离（m）；L_r 为重心到后轴的距离（m）；h_g 为车辆重心高度（m）；L 为轴距（m）。

2. 电机效率模型和动态模型

永磁同步电机与传统的励磁同步电机相比，具有结构简单、体积小、效率高、损耗少、功率因数高等优点[107]。它的输出转矩比其他类型电机更大，电机的极限转速和制动性能也比较优异。永磁同步电机利用永磁体提供励磁，能够简化电机结构，从而降低加工与装配费用；因为不需要励磁电流，所以不存在励磁损耗，也能提高电机的效率与功率密度。但是永磁材料在受到振动、高温和过载电流作用时，其导磁性有可能会下降或退磁，进而影响永磁同步电机的性能。此外，稀土式永磁同步电机需要使用稀土材料，制造

成本不太稳定。

在交流异步电机中，转子磁场的形成包括两步：第一步是定子旋转磁场在转子绕组中感应出电流；第二步是感应电流产生转子磁场。在楞次定律的作用下，转子跟随定子旋转磁场转动，却追不上它，因而称为异步电机。如果转子绕组中的电流不是由定子旋转磁场感应产生的，而是自己产生的，则转子磁场与定子旋转磁场无关，并且其磁极方向是固定的，根据同性相斥、异性相吸的原理，定子旋转磁场会带动转子旋转，并使转子磁场及转子与定子旋转磁场"同步"旋转，这就是同步电机的工作原理。

永磁同步电机主要由转子、端盖及定子等部件组成。永磁同步电机的定子结构与普通的感应电机结构非常相似，转子结构与异步电机最大的不同是转子上装有永磁体磁极，根据转子上安装永磁体的位置不同，永磁同步电机通常分为以下3种结构：①表面式转子结构，其永磁体通常呈瓦片状，提供的磁通方向为径向，永磁体外表面一般套有非磁性套筒或是永磁体表面包裹无纬玻璃丝带起保护作用；②内置式转子结构，其永磁体位于转子内部，其外表面与气隙之间有铁磁物质制成的极靴，极靴中可以放置铸铝笼或铜条笼，起阻尼或起动作用；③爪极式转子结构，该结构通常由两个带爪的法兰盘和一个圆环形的永磁体构成，两者的爪极相互错开，左、右法兰盘的爪数相同并沿圆周均匀分布，永磁体轴向充磁，左、右法兰盘的爪极分别形成极性相异、相互错开的永磁同步电机的磁极。

三相永磁同步电机是一个强耦合、阶次高、多变量的非线性系统，其数学模型可以在自然坐标系(ABC)、静止坐标系(α−β)和同步旋转坐标系(d−q)中表示为不同的形式。自然坐标系中的数学模型不利于直接建模，通常会采用坐标变换来简化建模过程，即通过 Clark 变换和 Park 变换对电机在自然坐标系中的数学模型进行简化。

静止坐标系中的坐标分量可以通过 Clark 变换从自然坐标系中得到，自然坐标系与静止坐标系之间的关系可用下式表示：

$$[f_\alpha \quad f_\beta \quad f_0]^{\mathrm{T}} = \frac{2}{3} \begin{bmatrix} 1 & -\dfrac{1}{2} & -\dfrac{1}{2} \\ 0 & \dfrac{\sqrt{3}}{2} & -\dfrac{\sqrt{3}}{2} \\ \dfrac{\sqrt{2}}{2} & \dfrac{\sqrt{2}}{2} & \dfrac{\sqrt{2}}{2} \end{bmatrix} [f_A \quad f_B \quad f_C]^{\mathrm{T}} \tag{3.4}$$

式中，f_0 为零序分量，从自然坐标系变换到静止坐标系时可以将其忽略。

通过 Park 变换可由静止坐标系得到同步旋转坐标系中的坐标分量,这两个坐标系之间的关系可用下式表示:

$$[f_d \quad f_q]^{\mathrm{T}} = \begin{pmatrix} \cos\theta & \sin\theta \\ -\sin\theta & \cos\theta \end{pmatrix}[f_\alpha \quad f_\beta]^{\mathrm{T}} \tag{3.5}$$

由式(3.4)和式(3.5)可得自然坐标系和同步旋转坐标系之间的变换关系,即

$$[f_d \quad f_q \quad f_0]^{\mathrm{T}} = \begin{cases} \dfrac{2}{3}\cos\theta & \dfrac{2}{3}\cos(\theta-120°) & \dfrac{2}{3}\cos(\theta+120°) \\ -\dfrac{2}{3}\sin\theta & -\dfrac{2}{3}\sin(\theta-120°) & -\dfrac{2}{3}\sin(\theta-120°) \\ \dfrac{1}{3} & \dfrac{1}{3} & \dfrac{1}{3} \end{cases}[f_A \quad f_B \quad f_C]^{\mathrm{T}} \tag{3.6}$$

在仅考虑电机制动系统响应特性的情况下,在一定假设前提下将三相永磁同步电机视为理想电机,可以得到电机在各种坐标系中的数学模型。

1)自然坐标系

三相永磁同步电机在自然坐标系中的绕组电压方程为

$$\begin{bmatrix} u_a \\ u_b \\ u_c \end{bmatrix} = \begin{bmatrix} R & 0 & 0 \\ 0 & R & 0 \\ 0 & 0 & R \end{bmatrix}\begin{bmatrix} i_a \\ i_b \\ i_c \end{bmatrix} + \begin{bmatrix} \dfrac{\mathrm{d}\Phi_a}{\mathrm{d}t} \\ \dfrac{\mathrm{d}\Phi_b}{\mathrm{d}t} \\ \dfrac{\mathrm{d}\Phi_c}{\mathrm{d}t} \end{bmatrix} \tag{3.7}$$

式中, u_a、u_b、u_c 分别为 A 相、B 相和 C 相绕组的线电压(V);R 为各相绕组的电阻(Ω);i_a、i_b、i_c 分别为 A 相、B 相和 C 相绕组的电流(A);Φ_a、Φ_b、Φ_c 分别为 A 相、B 相和 C 相绕组的磁链(Wb)。

若永磁体在定子上产生的磁链为 Φ_f,定子互感为 L_{m3},定子漏感为 L_{l3},则三相永磁同步电机的磁链方程为

$$\begin{bmatrix} \Phi_a \\ \Phi_b \\ \Phi_c \end{bmatrix} = L_{m3}\begin{bmatrix} 1 & \cos120° & \cos240° \\ \cos120° & 1 & \cos120° \\ \cos240° & \cos120° & 1 \end{bmatrix}\begin{bmatrix} i_a \\ i_b \\ i_c \end{bmatrix} + L_{l3}\begin{bmatrix} i_a \\ i_b \\ i_c \end{bmatrix} + \Phi_f\begin{bmatrix} \sin\theta_e \\ \sin(\theta_e-120°) \\ \sin(\theta_e+120°) \end{bmatrix} \tag{3.8}$$

式中, θ_e 为转子角位移。

根据机电能量转换及统一场理论,可得电磁转矩 T_e(N·m)的方程为

$$T_e = \frac{1}{2} p_n \frac{\partial}{\partial \theta_m} (\Phi_a i_a + \Phi_b i_b + \Phi_c i_c) \qquad (3.9)$$

式中，p_n 为电机极对数；θ_m 为电流和磁通量之间的夹角。

对电机转子进行运动学分析，可得电机转子运动方程，即

$$J_{PMSM} \frac{d\omega_m}{dt} = T_e - T_L - B\omega_m \qquad (3.10)$$

式中，J_{PMSM} 为永磁同步电机（PMSM）的转动惯量（kg·m²）；ω_m 为电机机械角速度（rad/s）；T_L 为负载转矩（N·m）；B 为电机阻尼系数。

2）同步旋转坐标系

通常选择同步旋转坐标系（以下简称 d-q 坐标系）中的电机数学模型进行建模，以便于设计电机控制器，因为其具有 d-q 轴变量解耦的特点。若 d-q 轴电压分量分别为 u_d 和 u_q，d-q 轴定子电流分量分别为 i_d 和 i_q，d-q 轴电感分量分别为 L_d 和 L_q，则有基于 d-q 坐标系的三相永磁同步电机电压等效电路，如图 3-2 所示。

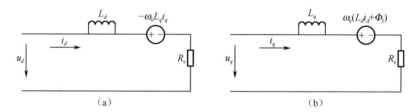

图 3.2　基于 d-q 坐标系的三相永磁同步电机电压等效电路

通过分析可得 d-q 坐标系中的定子电压方程为

$$\begin{cases} u_d = R_s i_d + L_d \dfrac{di_d}{dt} - \omega_e L_q i_q \\ u_q = R_s i_q + L_d \dfrac{di_d}{dt} + \omega_e (L_q i_q + \Phi_f) \end{cases} \qquad (3.11)$$

式中，ω_e 为电角速度（rad/s）；R_s 为定子电阻（Ω）。

d-q 坐标系中的电磁转矩方程为

$$T_e = \frac{3}{2} p_n i_q [i_d (L_d - L_q) + \Phi_f] \qquad (3.12)$$

3）静止坐标系

通过反 Park 变换，可由 d-q 坐标系得到三相永磁同步电机在静止坐标系（以下简称 α-β 坐标系）中的电压方程，即

$$\begin{bmatrix} u_\alpha \\ u_\beta \end{bmatrix} = \begin{bmatrix} R_s + \dfrac{dL_d}{dt} & \omega_e(L_d - L_q) \\ -\omega_e(L_d - L_q) & R_s + \dfrac{dL_q}{dt} \end{bmatrix} \begin{bmatrix} i_\alpha \\ i_\beta \end{bmatrix} + \\ \begin{bmatrix} (L_d - L_q)\left(\omega_e i_d - \dfrac{d}{dt}\right)\omega_e \Phi_f \end{bmatrix} \begin{bmatrix} -\sin\theta_e \\ \cos\theta_e \end{bmatrix} \tag{3.13}$$

式中，u_α 和 u_β 分别为 α–β 坐标系中 α 轴和 β 轴的电压分量（V）；i_α 和 i_β 分别为 α–β 坐标系中 α 轴和 β 轴的电流分量（A）。

Φ_α 和 Φ_β 分别为 α 轴和 β 轴的磁链分量，则静止坐标系中的电磁转矩方程为

$$T_e = \frac{3}{2} p_n (\Phi_\alpha i_\beta - \Phi_\beta i_\alpha) \tag{3.14}$$

定子磁链为

$$\begin{cases} \dfrac{d\Phi_\alpha}{dt} = u_\alpha - R_s i_\alpha \\ \dfrac{d\Phi_\beta}{dt} = u_\beta - R_s i_\beta \end{cases} \tag{3.15}$$

磁链幅值为

$$\Phi = \sqrt{\Phi_\alpha^2 + \Phi_\beta^2} \tag{3.16}$$

机械运动方程为

$$\begin{cases} J_{PMSM} \dfrac{d\omega_m}{dt} = (\Phi_\alpha i_\beta - \Phi_\beta i_\alpha - T_L) \\ \dfrac{d\theta_m}{dt} = \omega_m \end{cases} \tag{3.17}$$

电机是纯电动汽车进行能量回收的关键部件，电机模型直接影响汽车的控制效果。电机模型分为电机效率模型（见图 3.3）和动态模型两种。

电机的动态特性直接影响电机转矩控制效果，常用的电机动态特性建模方法有传递函数法和状态空间法，前者与后者相比，其状态初始值为零，而电机实际控制过程中的转矩多是从一个转矩（非零）到另一个转矩（非零），状态空间法更利于设置状态初值，适用于有模型间调用程序的模型，因此本章采用状态空间法建立电机的动态模型，即

$$\begin{cases} \begin{bmatrix} \dot{x}_{1i} \\ \dot{x}_{2i} \end{bmatrix} = \begin{bmatrix} 0 & 1 \\ -a_{2i} & -a_{1i} \end{bmatrix} \begin{bmatrix} x_{1i} \\ x_{2i} \end{bmatrix} + \begin{bmatrix} 0 \\ 1 \end{bmatrix} u_i \\ y_i = \begin{bmatrix} b_{2i} & b_{1i} \end{bmatrix} \begin{bmatrix} x_{1i} \\ x_{2i} \end{bmatrix} \end{cases}, \quad i = 1, 2 \tag{3.18}$$

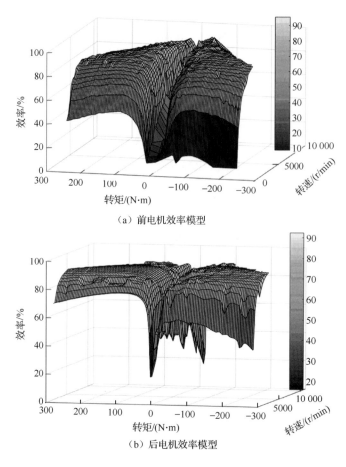

（a）前电机效率模型

（b）后电机效率模型

图 3.3　电机效率模型

式中，x_{11}、x_{21} 和 x_{12}、x_{22} 分别为前电机和后电机状态量；$\dot{x}_{11}$、$\dot{x}_{21}$ 和 $\dot{x}_{12}$、$\dot{x}_{22}$ 分别为前电机和后电机状态量的微分；u_1 和 u_2 分别为前电机和后电机输入；y_1 和 y_2 分别为前电机和后电机输出；a_{11}、a_{21}、b_{11}、b_{21} 和 a_{12}、a_{22}、b_{12}、b_{22} 分别为反映前电机和后电机动态特性的常数，可以通过传递函数获得。注意：x_{1i} 和 y_i（$i=1,2$）的物理意义为电机输出转矩。

电机是车辆制动过程中回收能量的关键部件，电机传递到电池端的功率为

$$\begin{cases} P_{\mathrm{b}} = P_{\mathrm{b1}} + P_{\mathrm{b2}} \\ P_{\mathrm{b1}} = \dfrac{T_{\mathrm{m1}} n_{\mathrm{m1}} \eta_{\mathrm{m1}}}{9550} \\ P_{\mathrm{b2}} = \dfrac{T_{\mathrm{m2}} n_{\mathrm{m2}} \eta_{\mathrm{m2}}}{9550} \end{cases} \tag{3.19}$$

式中，T_{m1} 为前电机转矩（N·m）；T_{m2} 为后电机转矩（N·m）；P_b 为车辆制动过程中电机传递到电池端的功率（kW）；P_{b1} 为前电机传递到电池端的功率（kW）；P_{b2} 为后电机传递到电池端的功率（kW）；n_{m1} 为前电机转速（r/min）；n_{m2} 为后电机转速（r/min）；η_{m1} 为前电机效率；η_{m2} 为后电机效率。

3．传动系统模型

车辆的传动系统对车辆力矩的传递至关重要，车辆的传动系统采用两个主减速器和传动轴等部件完成力矩的传递。电机端及轮端力矩与转速的关系为

$$\begin{cases} T_{mj} = \dfrac{2\eta_j T_{mdj}}{i_j} \\ n_{mj} = \dfrac{\omega_j i_j}{2\pi} \end{cases}, \quad j = 1, 2 \qquad (3.20)$$

式中，ω_1、ω_2 分别为前、后轮的角速度（rad/s）；T_{md1}、T_{md2} 分别为前电机在前轮和后电机在后轮上产生的制动力矩（N·m）；η_1、η_2 分别为前、后传动系统的机械效率；i_1、i_2 分别为前、后主减速器的传动比。

4．电池模型

当前电动汽车发展的瓶颈在于动力电池所支持的电动汽车续驶里程比燃油汽车短，动力电池造价也偏高。动力电池是电动汽车一切动力的来源，目前用于电动汽车的动力电池主要包括磷酸铁锂电池、三元锂电池，它们具有循环寿命高和无污染等优点。对动力电池进行建模，能更深入地了解动力电池的性能特点，有利于突破瓶颈，促进电动汽车行业的发展。

根据动力电池模型的研究和不同的研究侧重点，可以将动力电池模型分为电化学模型、热模型、耦合模型、电气模型、性能模型和数学模型[108]。

1）电化学模型

电化学模型最早由 Neman 提出，用于研究电池内部特性及设计更高效的电池。根据电化学原理，电池在充放电过程中存在 3 种反应机理：①离子克服阻力穿过隔膜到达电极；②离子在电解质中因浓度差而产生的扩散与迁移；③正、负极板离子的脱离与嵌入。电化学模型基于典型的依赖于电池类型的许多附加参数和空间差分方程系统，详细展示了潜在的电化学现象，主要描述了电池的电极、电压特性、超电势变化和隔膜的电流分布等。它主要用于研究电池内部反应机理及电化学反应过程，在电池设计参数调整和电池

结构设计优化方面的应用较多。

Doyle 与 Newman 提出的准二维电化学模型，即 P2D（Pseudo two Dimensional）模型是经典模型之一。P2D 模型是基于多孔电极理论和浓溶液理论提出的，有以下假设：①正、负电极的活性材料由半径相同的球形颗粒组成；②电池内部反应仅发生在固相和液相中，没有气体产生；③正、负电极集流体的导电率非常高；④忽略双电层效应的影响；⑤电池液相体积分数保持不变。其模型结构如下：放电时，锂离子从负电极活性材料中脱嵌后进入负电极液相电解液溶质中，负电极活性材料粒子表面与内部形成浓度差，导致内部锂离子向表面发生固相扩散；负电极液相电解液中的高浓度锂离子向低浓度锂离子方向发生扩散，通过隔膜到达正电极液相电解质中；一部分正电极活性材料粒子表面嵌入的锂离子会向内部发生固相扩散，同时电子通过外部电路从负电极移动到正电极发生反应，充电时则与以上情况相反。P2D 模型可以用以下 5 个方程描述：①固相扩散方程，用于描述锂离子在正电极或负电极活性材料粒子内部发生扩散的过程；②液相扩散方程，用于描述锂离子在液相电解质中发生扩散的过程；③固相电势方程，它通过欧姆定律得到正、负电极电势与固相电流密度的关系；④液相电势方程，它通过欧姆定律得到液相锂离子浓度分布与液相电流密度的关系；⑤电化学反应方程，Bulter-Volmer 电化学方程用于描述电极活性材料粒子与液相电解质交界处的电化学反应。

虽然 P2D 模型的精度很高，但是该模型的表达式相对复杂，含有大量偏微分方程和状态变量的互相耦合，导致其计算变得十分复杂，用于研究电池外特性时会比较不便，于是出现了 P2D 模型的简化研究。单粒子模型用两个球形颗粒代替锂电池正、负极所有的活性物质且不考虑电解质浓度和液相电势的变化，尽管在一定程度上减少了计算量，但该模型仅适用于低倍率工况。扩展单粒子模型是在单粒子模型的基础上考虑了电机活性材料浓度的分布，它能大大降低模型的复杂程度。李光远等[109]通过 Pade 近似法将 P2D 模型简化为改进的一位模型，并通过不同放电电流工况验证了该模型在降低计算复杂度的同时也能保持较高的精度。杨俊等以锂电池电化学方程为基础，通过拉氏变换和帕德近似等方法，提出了基于动态响应的电化学传递函数模型，通过将电池参数带入该模型，对比该模型在不同工况下的仿真结果与试验结果，验证了所辨识的电池参数与模型的正确性。

2）热模型

温度是影响动力电池特性的主要因素之一。在电池充放电过程中，内部电子的定向运动会形成电流，进而释放能量，导致温度发生变化。因此，研究者热衷于结合传热学的原理来构建电池的热模型，用于探析电池在充放电过程中内部温度的变化。热模型就是通过电池电压等参数来描述电池温度所建立的函数关系表达式的。

根据模型维度划分，电池的热模型主要有以下 4 种：

（1）集总参数模型。该模型将电池一体化，从而获取电池的总体温度，最终得到的是平均值，无法计算电池各个部位的具体温度。因此，集总参数模型主要用于研究电池的总体特性，相对简单。

（2）一维模型。该模型可用于研究电池在某一维度上的温度分布。电池的维度包括纵向、径向和厚度 3 个方向。一维模型的结果相对粗略，只能简单计算电池在某个方向上的温度分布。

（3）二维模型。该模型能够体现电池在某一切面上的温度分布情况，相较于一维模型更为具体。

（4）三维模型。通过建立完整的三维模型，计算电池各个位置的温度分布，从而可以较为准确地描述电池温度。由于三维模型能够计算整个电池的温度分布，它适用于电池各个位置温度的具体分析，进而优化电池、电池组和热管理系统的设计。

从生热率计算角度出发，电池的热模型又可以分为以下两种：

（1）宏观热源模型。该模型在计算电池的生热率时，是从能量守恒角度通过宏观试验参数获得的。宏观热源模型的前提是假定电池内部生热均匀，它以 D. Bemardi 等人的计算方法为基础，结合 N. Sato 的实验分析方法，把电池生热分为反应热、副反应热、极化热和焦耳热，并把生热模型与能量守恒模型结合起来。

（2）微观热源模型。该模型在计算电池的生热率时，利用了电池内部微观反应机理或温度与电流密度匹配原理。基于电池生热率参数的获得，通过假定的微观粒子计算和电流密度计算，将生热模型和能量守恒模型结合起来，利用计算机仿真手段，在有限元理论的基础上预测电池温度分布是微观热源模型的主要原理。

目前使用较多的热模型是美国加州大学伯克利分校的 D. Bemardi 于 1985 年提出的电池生热速率模型，它利用能量守恒的基本原理，通过研究电化学反应时的熵变及焦耳热得出，即

$$q = \frac{I}{V}\left(E_{oc} - U - T\frac{dE_{oc}}{dT}\right) \tag{3.21}$$

式中，I 是工作电流（A）；V 是电池体积（cm^3）；E_{oc} 是电池开路电压（V）；U 是电池的工作电压（V）；T 是电池内部温度（℃）。该模型参数选取的准确性在很大程度上能够影响应用的效果。利用该模型能很好地描述电池的生热、传热过程，但对于单一方面存在一定的局限性。

3）耦合模型

有时需要综合不同模型的优点，考虑不同因素建立电池的耦合模型，才能更准确地描述动力电池特性。例如，在一般情况下，电池内部的电化学反应必然伴随热量的变化，为了研究电化学反应中的热量变化与电池充放电过程的关系，可以构建电化学热耦合模型。在研究电池的内部特性时，电化学反应过程与温度是相伴相生的，因此，在建立电池的电化学热耦合模型时综合考虑上述两种因素，可以更准确地描述电池的内部特性。该模型的理论基础是电化学反应动力学与电化学反应热力学，利用能量守恒定律，结合电能、化学能和热能进行推导。在构建耦合模型时会用到 Arrhenius 公式，它用于描述电化学模型参数因电池所处温度场不同而发生的变化，即

$$\varphi = \varphi_{ref}\exp\left[\frac{E_{act}^{\varphi}}{R}\left(\frac{1}{T_{ref}} - \frac{1}{T}\right)\right] \tag{3.22}$$

式中，φ 为电池温度场的温度；φ_{ref} 是温度为 298.15K 时 φ 的取值；R 为理想气体常数；E_{act}^{φ} 是活化能（J）；T_{ref} 是参考温度（K）。

4）电气模型

电气模型利用电压源、电流源、电阻、电容等元器件组合电路模拟电池动态变化，并以此来分析电池的外特性。该模型简单、直观，由于使用的都是常规的元器件，进行仿真试验研究也较为方便，对于研究电池的外特性非常适合，但其精度相较于电化学模型和数学模型有较大的差距。电气模型主要包括以下两种：

（1）阻抗模型。将等效复阻抗加入组合电路中，通过测试交流电下的阻抗变化，建立阻抗频谱图，用于分析电池特性，该模型考虑了极化现象下的离子扩散，但因过程复杂而难以体现直流特性。

（2）Run-time 模型。该模型用电容表示电池容量，用电阻表示电池自放电现象，通过复杂电路拓扑来描述电池的能量环化与运行时间特性。

5）性能模型

目前，性能模型广泛用于研究动力电池的外特性。与其他模型相比，性能模型的通用性较强且简单，结构也多样，能够比较方便地根据需求进行修改调整。利用该模型可以轻松地在使用过程中捕捉电池的动态特性参数，并以此对电池的参数设计进行改进。此外，性能模型还可以用来估计电池的SOC，能够有效帮助电池的管理系统设计进行改进。常用的动力电池性能模型主要包括以下 4 种：

（1）神经网络模型。神经网络具有自主学习、非线性、多输入、多输出等特点，而动力电池是一个具有高度非线性特征的复杂系统，其特性除了会受自身变化的影响，还会被外界环境改变，因而可以利用神经网络来研究电池的外特性。BP 神经网络模型是目前应用最广泛的神经网络模型之一，它是一种按误差逆传播算法训练的多层前馈网络，通过模拟人脑的学习机制，训练、学习数据中隐藏的关系，理论上能够拟合任意非线性函数，但是其所需的试验数据量巨大，导致所需的训练时间变长。

（2）部分放电模型。该模型从能量的角度计算电池剩余容量的变化量。

（3）特定因素模型。该模型主要用于研究某一个或几个因素在工作过程中对动力电池造成的影响。较为常见的特定因素模型有温度模型和循环寿命模型等。不同于热模型研究内部化学反应过程伴随的热变化，温度模型主要研究电池所受的外界温度影响；循环寿命模型描述的则是电池循环寿命与放电深度之间的关系。

（4）等效电路模型。电池可以被理想地视为固定电压源和内阻的串联，因而能够基于电池的工作原理和动态特性，通过利用电阻、电容和电压源等元器件组成电路网来模拟电池特性的电路模型。等效电路模型利用常规元器件对电池等效建模，能够做到结构简单、灵活多样，以便于在线计算操作和计算机仿真分析。由于模型是基于电池的工作原理和动态特性而建立的，可以用于多种电池的研究分析。等效电路模型分为传统电路模型和阻抗模型两种。传统电路模型由电阻、电容和理想电压源组成，可在一定程度上表现电池的动态特性；由于电池在负载条件下内部的电化学反应会使电池的端电压发生变化，电池内阻也会表现出明显的非线性，为了提高等效电路模型的精度，阻抗模型将 Warburg 阻抗元件加入传统电路模型中。

6）数学模型

数学模型是在优化分析整个电池时使用经验公式和数学理论方法构建

的模型。现在常借助数学软件来构建数学模型，这样可以大大简化系统设计过程中的工作量。数学模型常用于描述电池系统的可用容量、充放电效率等特性，但它也有与电化学模型相似的缺点：系统模型因相对较为复杂而需要进行简化处理，结果常会导致误差变大，并且由于简化过程中存在人为范围限定和参数取舍，模型仅能用于描述电池的某特定方面。

常用的数学模型有以下两种：

（1）机理模型。通常基于较合理的假设，运用基本的传递和电化学反应方程进行理论分析，以描述电池内部各个部位的特征。该模型需要通过联立多个方程求解，随着所需考虑变量的增加，其复杂程度也随之增加。

（2）经验模型。通常建立在实验的基础上，由于机理模型十分复杂，研究者从实用角度出发，开发建立了多种有效的经验模型。经验模型主要通过实验的方法来建立电池输出特性的经验公式，描述电流密度和电池电压的关系，并以此反映电池的外特性或电特性。这样就不需要建立复杂的公式，也不需要考虑电池内部结构参数，只需要根据所测伏安特性曲线拟合出所需的数学关系式。

电池模型采用常用的内阻模型，如图 3.4 所示，该模型将电池简化为电压源和内阻组成的系统。根据基尔霍夫电压定律可得：

$$E = U + Ir_b \tag{3.23}$$

式中，E 为电池开路电压（V）；U 为充电电压（V）；I 为充电电流（A）；r_b 为电池充电内阻（Ω）。

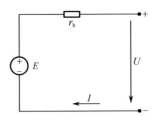

图 3.4 电池内阻模型

电池能量回收量是制动控制效果的评价指标，其表达式为

$$\begin{cases} |P_{b1} + P_{b2}| = |EI| + I^2 r_b \\ Q_{ps} = \int EI\mathrm{d}t \end{cases} \tag{3.24}$$

式中，Q_{ps} 为电池能量回收量（前、后电机发电所产生的能量），与第 2 章中制动工况下的电耗所表示的物理意义相同；P_{b1} 和 P_{b2} 分别为前、后电机的制

动功率（kW）。

5．轮缸模型

制动轮缸的作用是将制动主缸输入的液压能转换为机械能，以使制动蹄张开，令制动器进入工作状态。

制动轮缸有单活塞式、双活塞式和阶梯式。单活塞式制动轮缸主要用于双领蹄式和双从蹄式制动器；双活塞式制动轮缸应用较广泛，既可用于领从蹄式制动器，又可用于双向双领蹄式制动器及双向自增力式制动器；阶梯式制动轮缸常用于非平衡式制动器，它可使前、后摩擦片均匀磨损，其大端推动后制动蹄，小端推动前制动蹄。

轮缸模型既有精细模型，也有粗略模型。在建立较精细的制动轮缸模型时，可以采用弹簧阻尼系统来近似。制动轮缸的工作原理如图 3.5 所示。

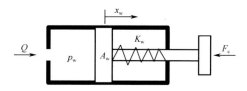

图 3.5　制动轮缸的工作原理

在分析制动轮缸的压力流量特性时，可以仅考虑力的输出。制动轮缸输出力的表达式如下：

$$F_c = p_w A_w - K_w l_0 \tag{3.25}$$

式中，F_c 为制动轮缸输出力（N）；p_w 为制动轮缸压力（N/cm^2）；A_w 为制动轮缸活塞截面积（cm^2）；K_w 为回位弹簧刚度（N/cm）；l_0 为制动轮缸活塞空行程（cm）。

根据伯努利方程可得

$$\dot{p}_w = \beta \frac{\dot{V}_w}{V_w} = \beta \frac{Q}{V_w} \tag{3.26}$$

制动液质量流量与制动轮缸体积之间存在以下关系：

$$V_w = \int \frac{Q}{\rho} dt \tag{3.27}$$

式中，V_w 为从液压调节器常开阀出口到制动轮缸活塞的压力油体积（cm^3）；Q 为制动轮缸制动液输入质量流量（g/s）；β 为制动液等效体积弹性模量（N/cm^2）；ρ 为制动液的密度（g/cm^3）。

综上所述，当制动轮缸的输入流量已知时，可以用 V_w 来确定 p_w。制动轮缸压力和制动轮缸体积变化的关系为：

$$V_w = a \cdot p_w^b \qquad (3.28)$$

式中，a 与 b 为拟合系数，具体数值需要通过试验数据拟合获得。

由于制动轮缸与机械（液压）制动力的产生直接相关，这里用轮缸模型近似代替液压制动系统模型，于是需要对轮缸模型进行建模，制动器选用散热性能良好的盘式制动器，前轴左、右轮的制动器一样，后轴左、右轮的制动器一样，在液压制动系统工作时，轮缸制动压力使制动钳与制动盘相互摩擦，进而产生作用于车轮的制动力矩，轮缸制动压力与制动力矩密切相关，根据盘式制动器的作用原理，可以得出前、后轴液压制动力矩和轮缸制动压力的关系，即

$$\begin{cases} T_{phf} = p_{w1} \dfrac{\pi D_f^2}{4} R_f K_f \\[2ex] T_{phr} = p_{w2} \dfrac{\pi D_r^2}{4} R_r K_r \end{cases} \qquad (3.29)$$

式中，T_{phf}、T_{phr} 分别为前、后轮实际的液压制动力矩（N·m）；p_{w1}、p_{w2} 分别为前、后轮实际的轮缸制动压力（N）；K_f、K_r 分别为前、后轴制动器的制动因数；D_f、D_r 分别为前、后轮制动器的轮缸直径（m）；R_f、R_r 分别为前、后轮制动盘的有效半径（m）。

为了较为准确地反映液压制动系统的动态特性，将轮缸模型视作一阶惯性环节[110]，并采用状态空间的方法描述其动态特性，即

$$\begin{cases} \dot{x}_{ki} = a_{ki} x_{ki} + u_{ki} \\ y_{ki} = b_{ki} x_{ki} \end{cases}, \quad i = 1,\ 2 \qquad (3.30)$$

式中，x_{k1}、x_{k2} 分别为前、后轮轮缸的状态量；$\dot{x}_{k1}$、$\dot{x}_{k2}$ 分别为前、后轮轮缸的状态量的微分；u_{k1}、u_{k2}、分别为前、后轮轮缸的输入；y_{k1}、y_{k2} 分别为前、后轮轮缸的输出；a_{k1}、b_{k1}、a_{k2}、b_{k2} 均为常数，与各轮缸模型的动态特性有关，它们都可以通过传递函数获得。注意：x_{ki} 和 y_{ki} 代表的物理意义为轮缸制动压力，通过式（3.29）可以转换为液压制动力矩。

6. 轮胎模型

轮胎是汽车的重要部件，车辆依靠轮胎与地面的相互作用产生各种运动，轮胎的结构参数和力学特性决定了汽车的主要行驶性能。轮胎所受的垂直力、纵向力、侧向力和回正力矩对汽车的平顺性、操作稳定性和安全性都

有非常重要的作用，因此，建立精确的轮胎动力学模型是进行车辆操纵稳定性控制等仿真研究的基础。

轮胎模型在车辆系统动力学分析中的作用至关重要，对车辆动力学仿真技术的发展及仿真计算结果均有很大的影响。轮胎模型的精度必须与车辆模型的精度相匹配，而轮胎模型与实际工况的符合程度又决定了控制系统的仿真分析和控制算法的精准性。因此，如何精确且有效地表达上述函数关系，一直是轮胎模型需要考虑的问题。

轮胎模型建立的方法分为以下 3 种：

（1）经验-半经验模型。该模型是针对具体轮胎的某一特性建模，当前广泛应用的有魔术公式（Magic Formula）和吉林大学郭孔辉院士利用指数函数建立的描述轮胎六分力特性的统一轮胎半经验模型 UniTire，主要用于车辆的操纵动力学研究。

（2）物理模型。该模型根据轮胎的力学特性，用物理结构代替轮胎结构，将物理结构变形视为轮胎变形。比较复杂的物理模型有梁弦模型，其特点是具有解析表达式，可探讨轮胎特性的形成机理，但其精度比经验-半经验模型差，计算也较复杂。

（3）有限元模型。该模型基于轮胎结构的详细描述，包括几何和材料特性，精确的建模能够比较准确地计算出轮胎的稳态和动态响应。但其与地面的接触模型很复杂，占用计算机资源过多，现阶段仍处于研究中，主要用于轮胎的设计与制造。

目前，在车辆系统动力学建模中应用较多的轮胎模型主要有以下 7 种：

（1）Fiala 模型。该模型是 Fiala 在 1954 年从简单的理论轮胎模型中推导出的无量纲解析式，它能够计算跟随滑移率和侧偏角变化的垂向力、纵向力、侧向力、回正力矩和滚动阻力矩，但不计算外倾推力，在计算不包括联合滑动工况时，侧向力计算精度尚可，回正力矩的误差较大。

（2）SMITHER 模型。该模型利用 Smithers Scientific Services 的数据计算侧向力与回正力矩，同时用 Fiala 模型计算其余的力和力矩。相较于 Fiala 模型，SMITHER 模型的计算精度更高，但其局限性在于只能在获得轮胎试验数据后才能使用，属于一种半经验模型。

（3）UA 模型。该模型是亚利桑那大学的 Nirkravesh 和 Gim 等于 1988 年研究得出的，其特点是各方向的力和力矩由耦合的侧偏角、滑移率、外倾角和垂直方向变形的参数显式表示。UA 模型考虑了纵向和侧向联合滑动，相较于 Fiala 模型，其计算的回正力矩更精准。

（4）H.B Pacejka 模型。该模型又称为 Magic Formula 模型，它是荷兰代尔夫特理工大学与沃尔沃汽车公司合作的成果。Pacejka 和 Bakker 在 1987 年提出了一个可以较精确描述侧向力、纵向力和回正力矩的经验公式，并在 1989 年、1991 年对模型进行了改进，逐渐形成了 Magic Formula 模型。该模型广泛用于车辆系统动力学的研究中，成为车辆动力学仿真分析的主要模型之一。与 Magic Formula 模型类似的还有 Dugoff 模型，它是一种基于附着椭圆的分线性轮胎模型，不仅结构简单，也能广泛用于非线性车辆系统的分析中，但其精度不如 Magic Formula 模型。

（5）幂指数统一轮胎模型。该模型由郭孔辉院士提出，他在 Fiala 模型理论的基础上通过试验建立了侧偏力和回正力矩的半经验模型，并在 1986 年根据新的试验数据进行了改进，由此提出了幂指数统一轮胎模型。该模型在车辆动力学仿真中的精度较高，使用也比较方便。

（6）Swift 模型。Swift 模型由荷兰代尔夫特理工大学和 TNO 联合开发，它是一个刚性环模型，以环模型为基础，只考虑轮胎的 0 阶转动和 1 阶错动两阶模态，轮胎只做整体的刚体运动而不发生变形。该模型只在关心轮胎的中低频特性时可满足要求。由于不需要计算胎体的变形，刚性环模型的计算效率得到很大提高，可用于硬件在环仿真进行主动悬架和防抱死制动系统（ABS）的开发。在处理外动力学问题时，Swift 模型使用 Magic Formula。Swift 模型可用于研究一些复杂的工况，在处理轮胎-地面的接触问题时，它采用等效路形的方法，所用的等效路形由一个专门的包容模型计算得到，因此 Swift 模型需要自带一个包容模型来提供等效路形，这也是它的缺点之一。

（7）FTire 模型。FTire 模型是由德国埃斯林根应用技术大学的 Michael Gipser 领导小组开发的，它是基于柔性环模型的物理模型，也是一个 2.5D 非线性轮胎模型。该模型的主要特征如下：弹性环不仅能描述面内振动，也能描述面外特性；轮辋与轮胎通过径向、切向、侧向 3 个方向的分布弹簧相连，轮辋既可在面内平移和转动，也可在面外运动；轮胎的自由半径和弹簧刚度随轮胎转速的变化而变化；采用复杂非线性的摩擦模型描述胎面橡胶的摩擦特性，即摩擦系数为压力和滑移速度的函数。FTire 模型具有完全的非线性，对波长降到轮胎接地尺寸一半的小障碍物能够得出有效的结论，具有高精度的轮胎稳态特性，但其所需的参数很多，而获取这些参数需要做轮胎的模态试验及不同压力和滑移速度下胎面橡胶的摩擦特性试验，花费较高，并且在使用时要求用户对模型有一定的了解及能正确测取参数。此外，还有许多轮胎模型，如刷子模型、辐条模型，但在实际研究中，应用最为广泛的还是 Magic Formula 模型及其修正模型。

Magic Formula 模型以大量的实验数据分析为基础，采用三角函数的组合公式拟合轮胎试验数据，将纵向力、横向力、回正力矩及纵向力与横向力的联合作用工况只用一套形式相同的公式就能完整表达出来。Magic Formula 模型的统一性强，能够描述轮胎所有的稳态力学特性，需要拟合的参数较少且参数都有明确的物理意义，易于确定初值，可以从实际轮胎试验中获得，具有实际的物理意义。此外，由于 Magic Formula 是基于试验数据的，处在高精度的试验范围外，它甚至可以使数据在极限值以外的一定程度使用。虽然它编程方便、简单，拟合精度高，但计算量较大，因此更适用于产品设计、汽车动态模拟和试验对比等要求精确描述轮胎动力学特性的领域。

本章中的轮胎模型包括车轮动力学模型和轮胎动态模型。在车辆制动过程中，车轮动力学模型为

$$\begin{cases} j_{w1}\dot{w}_1 = T_{d1} - u_{x1}F_{zf}r - F_{zf}fr \\ j_{w2}\dot{w}_2 = T_{d2} - u_{x2}F_{zr}r - F_{zr}fr \end{cases} \tag{3.31}$$

式中，j_{w1}、j_{w2} 分别为前、后轮的转动惯量（kg·m²）；T_{d1}、T_{d2} 分别为前、后轮的制动力矩（N·m）；u_{x1}、u_{x2} 分别为前、后轮的利用附着系数；车辆 4 个车轮的半径 r 在本章中是相等的；$\dot{w}_1$、$\dot{w}_2$ 分别为前、后轮的车轮角加速度（rad/s²）。

轮胎模型包括 gim 轮胎模型、magic 轮胎模型等，gim 轮胎模型是轮胎的理论模型，虽然精度较高，但模型过于复杂，而 magic 轮胎模型为半经验模型，能够反映与路面的交互情况，适用于汽车的动态模拟[111]，因此本章采用 magic 轮胎模型，以单个轮胎为例（轮胎规格均相同），考虑轮胎制动的情况，其形式为

$$\begin{cases} F_{bf} = F_{zf}D_{\_tire}\sin(C_{\_tire}\arctan(B_{\_tire}s_1 - E_{\_tire}(B_{\_tire}s_1 - \arctan(B_{\_tire}s_1)))) \\ F_{br} = F_{zr}D_{\_tire}\sin(C_{\_tire}\arctan(B_{\_tire}s_2 - E_{\_tire}(B_{\_tire}s_2 - \arctan(B_{\_tire}s_2)))) \end{cases} \tag{3.32}$$

式中，F_{bf} 和 F_{br} 分别为地面对前、后轮的制动力（N）；s_1 和 s_2 分别为前、后轮的滑移率；$D_{\_tire}$ 为峰值因子；$B_{\_tire}$ 为刚度因子；$C_{\_tire}$ 为曲线形状因子；$E_{\_tire}$ 为曲线曲率因子。

滑移率是轮胎模型的重要参数，其表达式为

$$S_i = \frac{v_x - w_i r}{v_x}, \quad i = 1, 2 \tag{3.33}$$

电机制动力矩与液压制动力矩在车轮处耦合，其耦合模型为

$$\begin{cases} T_{d1} = T_{phf} + |T_{md1}| \\ T_{d2} = T_{phr} + |T_{md2}| \end{cases} \quad (3.34)$$

本章通过 MATLAB/Simulink 搭建整车仿真模型，其简图如图 3.6 所示。该仿真模型包括 6 部分：整车动力学模型、轮缸模型、电机模型、传动系统模型、电池模型和轮胎模型。虚线部分为本章的预测车辆模型，其中，T_{m1req}、T_{m2req} 分别为前、后电机的需求转矩，p_{w1req}、p_{w2req} 为前、后轮需求制动压力。F_{bf} 和 F_{br} 与地面制动力的关系为 $F_b = 2(F_{bf} + F_{br})$。电机模型、轮缸模型接受相应指令（T_{m1req}，T_{m2req}，p_{w1req}，p_{w2req}），产生制动力矩（T_{m1}，T_{m2}，T_{phf}、T_{phr}）和制动功率（P_{b1}，P_{b2}），并将相关参数传至传动系统模型（T_{m1}、n_{m1}、T_{m2}、n_{m2}）、电池模型（P_{b1}，P_{b2}）和轮胎模型（T_{phf}、T_{phr}、T_{md1}、T_{md2}），轮胎模型同时接受整车动力学模型中的参数（v_x，F_{zf}，F_{zr}），并将实际制动力（F_{bf}、F_{br}）传给整车动力学模型。

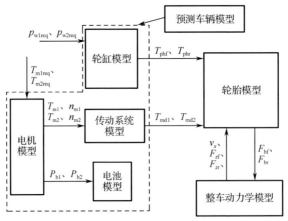

图 3.6　整车仿真模型简图

液压制动传动机构是常见的人力式制动传动机构。制动系统的一般工作原理是通过与车架（或车身）相连的非旋转元件和传动轴（或车轮）连接的旋转元件之间的摩擦力使车轮停止转动或抑制车轮转动的趋势。除了上述制动轮缸，液压制动传动系统还包括制动踏板、真空助力泵、制动主缸、液压调节器和输油管路等。

制动踏板的作用是在驾驶人踩下制动踏板后，凭借其杠杆机构将力放大，驱动推杆推动制动主缸中的活塞。真空助力泵的作用是利用真空能（负气压能）为制动踏板提供助力。制动主缸的作用是将驾驶人施加在制动踏板

上的机械力和真空助力泵的力转化为制动油压，并将具有一定压力的制动液通过输油管路输送至各个车轮的制动器中。液压调节器通常由液压泵、蓄能器、主控制阀、电磁控制阀体和开关组成，它可以使车轮在车辆运行过程中制动时出现抱死，从而达到最佳制动效果。输油管路通常用于输送和承受一定压力的制动液，它一般有金属管和橡胶管两种，由于制动主缸和制动轮缸的相对位置经常变化，除了金属管，有些输油管路因有相对运动的截面而采用高强度橡胶管连接。

　　轮缸式制动器的制动间隙是指车辆不制动时，制动鼓和制动蹄摩擦片之间的间隙。该间隙的调整分为人工调整与自动调整两种。其中，人工调整主要有以下 4 种方法：①转动靠在制动蹄片上的调整凸轮；②通过转动靠在支撑块或轮缸端面的调整螺母，驱动螺杆和连接的顶杆做轴向位移；③通过转动主、次领蹄之间的可调顶杆上的螺杆或螺母，改变其长度；④通过转动可调驻车制动推杆上的螺母，改变其长度。自动调整的间隙自调装置分为一次调准式和阶跃式两种。前一种装置在进行制动后，制动器中的间隙都会自动恢复到预先设定值；后一种装置需要经过多次制动后，才能在制动或解除制动时一并消除积累的过量间隙。制动器的过量间隙不完全是由摩擦副的磨损而引起的，还包括制动鼓受热膨胀，以及蹄与毂的弹性变形所产生的间隙。然而一次调准式间隙自调装置总是按制动器当时的实际状况来消除过量间隙，如果此时恰好出现过大的热变形和机械变形，由此产生的间隙超过了设定间隙，那么在这些变形消除后制动器就会发生拖滞甚至抱死。为了避免出现上述现象，应尽量采用阶跃式间隙自调装置。

3.3　预测控制策略设计

　　在车辆常规制动过程中，控制策略包括基于规则和基于优化两种，基于优化的控制策略在能量回收方面具有显著优势。现有研究多基于车辆当前状态进行优化[35-41]，动态规划能够获取最佳能量回收效果，但它需要获取车辆未来的行驶信息，因此，获取车辆未来的行驶信息有利于提高能量回收效率。本章通过自适应三次指数预测对车辆运行关键参数进行预测，结合动态规划，以制动法规、车辆传动系统、电机最大制动力矩为约束，进行电机制动力矩和轮缸制动压力的优化，实现能量高效回收利用。需要注意的是，本章使用预测控制算法的前提是电池 SOC 未超过规定上限。

3.3.1 自适应三次指数预测

指数平滑法是一种对时间序列进行相关预测的方法，它由经济学家布朗于 1959 年首次提出，目前在工业领域和商业领域均已实现了广泛应用。时间序列主要是指经济或社会等统计数据的多样性排列时依据时间顺序排列而成的数值序列，通对时间序列中数据的动态分析，获取数据关于时间推进变化的规律，以实现对该种规律的预测。关于时间序列的预测方法有多种，指数平滑法因具有高精度和强鲁棒性而获得广泛应用，并成为时间序列预测的重要方法。

指数平滑法认为时间序列的态势具有稳定性或规则性，因而该序列可被合理地顺势推延。该方法认为最近的过去态势在某种程度上会持续到未来，故而将较高的权重放在最近的数据中，这与简单的全期平均和加权移动平均方法不同。简单的全期平均方法对时间序列的过去数据全部加以利用；加权移动平均方法则不考虑较远期的数据，而是给予近期数据更高的权重。指数平滑法兼具全期平均和加权移动平均两种方法的优点，不舍弃过去的数据，但会给予近期数据较高的权重，给予远期数据较低的权重，即随着数据的远离，赋予逐渐收敛为零的权重。指数平滑预测模型是指数平滑预测常用的模型，也是重要的时间序列预测模型。它通过指数平滑公式完成预测，根据平滑次数可分为一次指数平滑预测、二次指数平滑预测和三次指数平滑预测等。一次指数平滑法、二次指数平滑法和三次指数平滑法分别对应不同的时间序列类型，一次指数平滑法适用于无趋势效应且呈平滑趋势的时间序列的预测与分析；二次指数平滑法多用于线性变化的时间序列的预测与分析；三次指数平滑法适用于呈非线性变化趋势的时间序列的预测与分析。

对无趋势效应且呈平滑趋势的时间序列使用一次指数平滑法进行预测与分析，通过一次指数平滑模型对该时间序列进行预测，基于一次指数平滑公式可建立一次指数平滑模型，一次指数平滑公式如下：

$$S_k^{(1)} = \alpha x_k + (1-\alpha)S_{k-1}^{(1)} \tag{3.35}$$

式中，α 为平滑常数，其取值范围为[0,1]。若时间序列中无明显趋势效应，也无明显升降波动，则下次的时间序列预测值可以上次的一次指数平滑值为参考，将时间序列中 $k+1$ 时刻的预测值表示为 $\hat{x}_{k+1}$；将 k 时刻的指数平滑值表示为 $S_k^{(1)}$；将 k 时刻的实际观测值表示为 x_k；将 k 时刻的预测值表示为 $\hat{x}_k$，即 $k-1$ 时间的指数平滑值为 $S_{k-1}^{(1)}$，于是可得一次指数平滑模型：

$$\hat{x}_{k+1} = S_k^{(1)} = \alpha x_k + (1-\alpha)\hat{x}_k \tag{3.36}$$

线性变化的时间序列的预测与分析采用二次指数平滑模型，即在一次指数平滑法的基础上对平滑系数继续进行一次指数平滑，进而获取二次指数平滑公式，然后对线性变化的时间序列进行二次指数平滑模型的建立，因此二次指数平滑模型又称为线性模型。二次指数平滑公式为

$$S_k^{(2)} = \alpha S_k^{(1)} + (1-\alpha)S_{k-1}^{(2)} \tag{3.37}$$

式中，k 时刻和 $k-1$ 时刻的二次指数平滑值分别为 $S_k^{(2)}$ 和 $S_{k-1}^{(2)}$；k 时刻的一次指数平滑值为 $S_k^{(1)}$。

将 $k+m$ 时刻的预测值表示为 $\hat{x}_{k+m}$，将 k 时刻之后的预测数表示为 m，模型参数用 a_k 和 b_k 表示，基于二次平滑值构建二次指数平滑模型，即

$$\begin{cases} \hat{x}_{k+m} = a_k + b_k m \\ a_k = 2S_k^{(1)} - S_k^{(2)} \\ b_k = \dfrac{\alpha}{1-\alpha}(S_k^{(1)} - S_k^{(2)}) \end{cases} \tag{3.38}$$

三次指数平滑法对非线性数据具有较好的预测效果，该方法考虑了近期数据对预测影响大，远期数据对预测影响小的特点，但其对时变数据的适应能力不够强。自适应三次指数预测基于三次指数平滑法对平滑系数进行优化，获得误差最小的预测模型并对未来的数据进行预测[112]，该方法对时变数据具有较好的预测效果。使用三次指数平滑法建立的模型如下：

$$\begin{cases} S_{k,t}^{(1)} = \lambda_k X_{k,t} + (1-\lambda_k)S_{k,t-1}^{(1)} \\ S_{k,t}^{(2)} = \lambda_k S_{k,t}^{(1)} + (1-\lambda_k)S_{k,t-1}^{(2)} \\ S_{k,t}^{(3)} = \lambda_k S_{k,t}^{(2)} + (1-\lambda_k)S_{k,t-1}^{(3)} \end{cases} \tag{3.39}$$

式中，$S_{k,t}^{(1)}$、$S_{k,t}^{(2)}$、$S_{k,t}^{(3)}$ 分别为第 k 次预测第 t 时刻数据的一次指数平滑值、二次指数平滑值、三次指数平滑值；$X_{k,t}$ 为第 k 次预测第 t 时刻的实际数据；λ_k 为第 k 次预测平滑系数，$0<\lambda_k<1$。

对未来数据的预测：设 $a_{k,t}$，$b_{k,t}$，$c_{k,t}$ 为第 k 次预测的预测系数，则有

$$\begin{cases} a_{k,t} = 3S_{k,t}^{(1)} - 3S_{k,t}^{(2)} + S_{k,t}^{(3)} \\ b_{k,t} = \dfrac{\lambda}{2(1-\lambda)^2}[(6-5\lambda)S_{k,t}^{(1)} - (10-8\lambda)S_{k,t}^{(2)} + (4-3\lambda)S_{k,t}^{(3)}] \\ c_{k,t} = \dfrac{\lambda^2}{(1-\lambda)^2}(S_{k,t}^{(1)} - 2S_{k,t}^{(2)} + S_{k,t}^{(3)}) \end{cases} \tag{3.40}$$

第 k 次第 $t+T_{\text{ace}}$ 期的预测值为

$$Y_{k,t+T_{\text{ace}}} = a_{k,t} + b_{k,t}T_{\text{ace}} + c_{k,t}T_{\text{ace}}^2 \tag{3.41}$$

式中，T_{ace} 为预测步长，即目标预测期数与当前期数间隔，$T_{ace}=1,2,3\cdots$。预测步长越短，预测越精确。

在使用指数平滑法对时间序列进行预测时，既要根据时间序列中的变化趋势来选择合适的预测模型，也要对平滑系数和平滑初始值进行选取。通常可将时间序列中前三至四次数据的平均值或者第一次数据作为平滑初始值。平滑系数 α 的选取至关重要，它直接影响了指数平滑法预测结果的准确性，其选取主要有经验法和试值法两种。在用实际的指数平滑法对时间序列进行预测计算时，平滑系数很难准确选取，当需要对时间序列做相对精确的预测时，为了尽可能降低预测偏差，需要同时使用经验法和试值法，以获取合适的平滑系数。

使用指数平滑法的用户可根据时间序列和一定经验选取平滑系数。在一般情况下，如果时间序列的发展趋势相对稳定，即呈水平的发展趋势，则选取较小的平滑系数，一般不超过 0.2；若时间序列的发展趋势有一定波动，但在较长的时间序列中没有明显的较大波动，则选取相对大一些的平滑系数，一般不超过 0.4，但不低于 0.1；当时间序列的发展趋势有较大波动，即在较长的时间序列中有相对明显的升降变化趋势时，一般选取较大的平滑系数，通常不超过 0.8，但不低于 0.6；若时间序列的变化趋势出现明显且较大的升降波动，则需要选取更大的平滑系数，一般不超过 1，但不低于 0.6。

试值法先参照时间序列的大致趋势，选取多个不同合适范围内的平滑系数进行计算，再将指数平滑法计算出的预测值与实际值通过误差公式计算其误差值，并从中选取最低误差值对应的平滑系数作为指数平滑法的最佳平滑系数。平滑系数最优系数的误差计算函数包括平均绝对误差、平方和误差、均方根误差和平均绝对百分比误差 4 种。其中，平均绝对误差与均方误差的计算形式相近，但平均绝对误差是所有单个观测值与算术平均值的偏差的绝对值的平均值，可使误差正负相互抵消，从而使误差计算变得简单方便，因而成为一种常用的误差计算方法；通过对每个平滑系数下的预测值与实际值的误差进行平方累加，可以消除误差中的负号影响，并获取所有误差的累加值；均方根误差是对平方和误差的优化，即对平方和误差求取均方差并开根号，从而可以避免误差平方所产生的误差值占较高的权重，并能有效提高误差函数计算的灵敏度；平均绝对百分比误差通过建立目标函数来计算合适的平滑系数，它能有效提高指数平滑法预测的精确性。

预测精度是评价预测效果好坏的依据，本章采用最小误差平方和作为预测精度评价的依据，即

$$f_{\text{ace}} = \min \sum_{i=4}^{N} (Y_{k,i} - X_{k,i})^2 \qquad (3.42)$$

式中，f_{ace} 为误差平方和；$Y_{k,i}$ 为第 k 次预测第 i 个数据的预测值；$X_{k,i}$ 为第 k 次预测第 i 个数据的实际值；N 为数据样本数（由于采用离散数据预测，在每个采样时间会采集一次数据，这些数据存储在对应的第 t 时刻数据中。因为样本有限，所以样本数据也会随时间窗口平移，即最后一个样本数据是最新采样数据）。

　　使用传统三次指数平滑法对时间序列进行预测，只要平滑系数确定为某一常数，指数平滑模型就只能对当前的时间序列进行求解预测，如果时间序列受其他因素影响，其发展趋势有一定的变化，则该模型无法继续对时间序列进行求解预测，即指数平滑模型不能针对时间序列发展趋势的变化进行自适应调整，故其对时间序列的预测有一定的局限性。针对三次指数平滑法不能自适应调整以适应时间序列自身变化的预测问题，可以对三次指数平滑法进行相关改进，使其能够在时间序列自身发生变化时，通过自适应实时更新平滑系数，从而使三次指数平滑模型也能够自适应调整，以获取时间序列的预测，此即自适应指数平滑法。

　　自适应指数平滑法采用地毯式遍历搜索算法对平滑系数进行优化，得到动态平滑系数进行预测。动态平滑系数为

$$\varepsilon_{k,t} = \frac{\hat{\lambda}_k}{1 - (1 - \hat{\lambda}_k)^t} \qquad (3.43)$$

式中，$\varepsilon_{k,t}$ 是时间 t 的函数，表示第 k 次预测时的动态平滑系数；$\hat{\lambda}_k$ 为第 k 次预测优化后的平滑系数。

　　如图 3.7 所示，自适应指数平滑法首先搜集车辆行驶数据（制动强度 z_k 和车辆速度 v_{xk}），这些数据从车辆仿真模型中获取，即为当前时刻值，然后采用地毯式搜索方法以误差平方和最小为目标函数优化三次指数平滑系数[112]，并根据式（3.43）更新动态平滑系数，最后输出一步预测结果，即制动强度 z_{k+1} 和车辆速度 $v_{x(k+1)}$。在自适应三次指数预测中，一步预测数据是最精确的，因此采用一步预测为动态规划提供数据支撑（数据矢量 $[z_k \ v_{xk} \ z_{k+1} \ v_{x(k+1)}]$）。

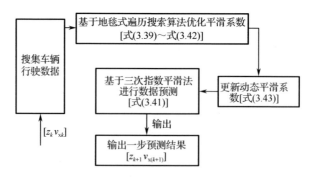

图 3.7　自适应指数平滑法的预测流程

3.3.2　两阶段动态规划

动态规划最早出现在应用数学中，它由美国数学家贝尔曼在 20 世纪 50 年代研究最优控制问题时提出。它是将待求解的问题划分为若干更小的相互关联的子问题，并保存子问题的解以避免重复计算，从而解决最优化问题的算法策略。动态规划在工程技术、经济管理、生产调度和最优控制等方面应用广泛。

动态规划的基本思想是先将一个大规模难以解决的原问题分解成多个简单的子问题，然后对简单的子问题进行求解，并从这些子问题的解中得到原问题的解[113]。其中可以通过动态规划求解的问题，其所能分解出的子问题往往不是相互独立的。动态规划的作用是使一个问题在某种情况下实现最优，同时使其分解出的子问题达到最优。由于分解后的子问题是相互重叠的，可以通过一个表格记录已经解决的子问题的答案，不论子问题是否会在以后被用到，只要经过计算，就将其结果记录在表格中，以便在需要时从表格中寻找已经得到的答案，从而有效避免大量重复计算，随着问题规模的扩大，这种做法更能体现高效性。

动态规划的求解问题特征：问题本身所具有的 3 个重要特性会影响动态规划的有效性，它们分别是最优子结构性质、子问题重叠性质和无后向性。

对于一个给定的问题，当其最优解可以由其子问题的最优解获得时，就认为该问题具有最优子结构性质。在分析问题的最优子结构性质时，采用以下方法：先假设问题的最优解所导出的子问题的解并非最优，再设法说明在该假设下能够构造出比最优解更好的解，由此证明其矛盾。利用问题的最优子结构性质找到子问题，就意味着找到了整个问题逐渐分解的方法，因为子问题可以用相同的思路一直分解，直到最底层规模最小的子问题可以一目了然地求出解。每一层子问题的解决会驱使上一层子问题的解决，逐层向上，就会使整个问题得到解决。最优子结构是问题能用动态规划求解的前提。

在用递归算法自上向下对问题进行求解时，每次产生的子问题并不总是新的问题，有些子问题会被重复计算多次，则认为该问题具有子问题重叠性质。动态规划正是利用了这种子问题的重叠性质，对每个子问题只进行一次计算，并将其计算结果记录在一个表格中，当需要再次计算已经计算过的子问题时，只需从表格中简单提取结果。不同的子问题个数常随问题的大小呈多项式增长，而用动态规划不需要进行重复计算，因而可以获得更高的效率。

对于某个给定的阶段，将各个阶段按照一定的次序排列完成后，它之前各个阶段的状态就不会再直接影响它之后的决策，即过程（或系统）在 t_0 时刻所处的状态为已知的条件下，其在 $t > t_0$ 时刻所处状态的条件分布与在 t_0 时刻之前所处的状态无关。通俗地说，就是在已经知道过程"当前"的条件下，其"将来"不依赖于"过去"，这就是无后向性，也称为马尔科夫性。

动态规划适用于求解最优化问题，其过程通常包括 4 步：

（1）找到最优子结构。首先确定问题状态，并用对应的数据结构保存问题状态；然后找出问题的初始条件、终止条件及其分解形式，并找出分解后的最优状态，即原问题的最优状态。

（2）定义状态转移方程。因为动态规划的数个步骤决策之间会相互联系，各个步骤的决策取决于当前的状况，又能影响下一步，每个阶段得到的解的值构成了最终的结果，所以要建立适合的状态转移方程，确保每个阶段的值都能够达到最优。在解决最优问题时，可以按照一定顺序将问题分解为 N 个相互关联的子问题，从而可以对其逐个求解，即分为 N 个阶段求解。在解决第 k 个子问题时，需要根据它的状态 $x(k)$ 给出相应的决策，记为 $u(k)$，而前一阶段的决策会对下一阶段的状态产生影响，即下一阶段的状态 $x(k+1)$ 会随着 $u(k)$ 的变化而变化，这样的关系就是状态转移，用方程表示就是状态转移方程，即 $x(k+1) = T[x(k), u(k)]$。

（3）计算最优值。在得到状态转移方程后，用合适的数据结构保存状态转移过程中的值。由于计算过程中有大量重复的子问题，选择合适的计算次序很重要。一般是按照自下而上的方式对所有可能的子问题进行求解，最后求解原问题。

（4）构造最优解。通过前三步的铺垫，最后根据求解最优值时保存的过程数据得到最优解。

动态规划理论上的设计，即上述4个步骤是其最主要的难点。上述4个步骤的设计一旦完成，剩余的实现部分就会变得简单。通过动态规划求解问题时，最重要的是确定动态规划的三要素：①问题的阶段；②每个阶段的状态；③从前一阶段转换到后一阶段的递推关系，这种关系必须是从较小的问题开始，转换为较大的问题。从某种程度上讲，动态规划常可以用递归算法实现，但是因为递归算法无法充分利用之前保存的子问题的解，所以在面对较为复杂的问题时，动态规划有递归算法无法比拟的优势，这也是动态规划的核心优势。

动态规划的三要素确定后，整个问题的求解就可以用一个最优决策表来表述。最优决策表是一个二维表，它的行表示决策的阶段，列表示问题的状态。该表中需要填写的数据一般对应相关问题在某种阶段某种状态下的最优值（如最大价值、最短路径、最长公共子序列等），其填写过程就是根据递推关系，从1行1列开始，按照行或者列的优先顺序填写，最终根据整个表格的数据通过运算或者取舍得到问题的最优解。

采用动态规划求问题的最优解，就是先将原本复杂的问题分解为多个简单的相互关联的子问题，再对每个子问题进行一次运算，并保存其结果用于构造原最优解，这样能够避免大量重复的计算，降低解决问题的复杂度，提高解决问题的效率并得到较为准确的最终答案，为实际解决问题提供了极大的便利。因此，在解决实际问题中，动态规划可发挥极其重要的作用。

在解决实际问题时，除了动态规划，常用的经典算法还有分治算法和贪心算法，这些算法都具有最优子结构性质。动态规划的本质特征是最优子结构性质和子问题重叠性质。因此，在面对某个问题时，判断是使用分治算法还是动态规划的根本点在于原问题是否具备子问题重叠性质。若子问题没有重叠或者很少重叠，常使用分治算法求解；若子问题有较多重叠，常使用动态规划求解。贪心算法的本质特性是最优子结构性质和贪心选择性质，如果原问题具有贪心选择性质，常使用贪心算法求解，否则考虑使用分治算法或者动态规划求解。

动态规划适用于线性或非线性系统，它是一种全局最优算法。本章通过自适应三次指数预测对车辆行驶信息进行预测，以供动态规划使用，两阶段动态规划用于获取最优制动力矩和轮缸制动压力以实现车辆控制。

　　动态规划需要确定决策变量、指标函数和状态变量等参数，选取前电机需求制动力矩、后电机需求制动力矩、前轮需求制动压力和后轮需求制动压力作为决策变量，即决策变量为 $[T_{m1req}, T_{m2req}, p_{w1req}, p_{w2req}]^{T}$，它需要满足相关法规要求，下面论述与决策变量相关的约束。

　　制动力分配系数与决策变量密切相关，它与前、后轴制动力矩和总制动力矩的关系为

$$\begin{cases} \beta = \dfrac{T_{d1}}{T_{d1} + T_{d2}} \\ T_{d2} = (1 - \beta)(T_{d1} + T_{d2}) \end{cases} \tag{3.44}$$

式中，β 为制动力分配系数。

　　前、后轴制动力矩受地面最大制动力矩约束，即

$$\begin{cases} |T_{d1}| \leqslant \dfrac{\mu_0 m g (L_r + z h_g) r}{2L} \\ |T_{d2}| \leqslant \dfrac{\mu_0 m g (L_f - z h_g) r}{2L} \end{cases} \tag{3.45}$$

式中，μ_0 为路面附着系数。该方程组右侧代表地面所能提供的最大制动力矩（轮端）。

　　在车辆制动过程中，制动力分配系数须满足联合国欧洲经济委员会汽车法规（ECE 法规）的要求，即

$$\beta \leqslant \frac{(z + 0.07)(L_r + z h_g)}{0.85 z L}, z \in [0.1, 0.61] \tag{3.46}$$

$$\beta \geqslant 1 - \frac{(z + 0.05)(L_f - z h_g)}{z L}, z \in [0.3, 0.45] \tag{3.47}$$

$$\beta \geqslant \frac{(L_r + z h_g)}{L}, z \in [0.15, 0.8] \tag{3.48}$$

　　式（3.46）为制动强度 $z \in [0.1, 0.61]$ 时 ECE 法规要求的上限，用来防止前轴分配过多制动力；式（3.47）为制动强度 $z \in [0.3, 0.45]$ 时 ECE 法规要求的下限，用来防止后轴分配过多制动力；式（3.48）为制动强度 $z \in [0.15, 0.8]$ 时 ECE 法规要求的中限，用来防止后轴分配过多制动力。

　　在车辆制动过程中，电机制动力矩也会受到车辆传动系统本身的约束，如果制动力矩过大，车辆将发出异响。车辆传动系统本身的约束（该约束简称为车辆约束）为

$$\begin{cases} \dfrac{|T_{m1}|}{r} i_1 \eta_1 \leqslant \gamma_1 \delta mg \\ \dfrac{|T_{m2}|}{r} i_2 \eta_2 \leqslant \gamma_2 \delta mg \end{cases} \qquad (3.49)$$

式中，T_{m1} 为前电机转矩（N·m）；T_{m2} 为后电机转矩（N·m）；γ_1 为车辆前轴传动系统不发出异响的最大比例系数；γ_2 为车辆后轴传动系统不发出异响的最大比例系数。

此外，电机的制动力矩还受到电机本身的约束，即

$$\begin{cases} |T_{m1}| \leqslant |T_{mfmax}| \\ |T_{m2}| \leqslant |T_{mrmax}| \end{cases} \qquad (3.50)$$

式中，T_{mfmax} 为前电机最大制动力矩（N·m）；T_{mrmax} 为后电机最大制动力矩（N·m）。

动态规划指标函数的选取对其寻优至关重要，这里选取电池回收的能量作为指标函数，结合式（3.19）和式（3.24）可得

$$Q_{ps} = -\int_0^{t_{-dm}} \left(\left| \frac{T_{m1} n_{m1}}{9550} \eta_{m1} + \frac{T_{m2} n_{m2}}{9550} \eta_{m2} \right| - I^2 r_b \right) dt \qquad (3.51)$$

式中，t_{-dm} 为积分时间；前电机效率 η_{m1} 和后电机效率 η_{m2} 与电机转速（n_{m1} 和 n_{m2}）和转矩（T_{m1} 和 T_{m2}）有关，这些可通过电机效率 MAP 图查表获得；回收能量积分时间与采样周期和动态规划阶段数有关；电流 I 可通过式（3.24）获得。

状态变量的选取应结合控制对象进行，本章考虑了前、后电机的动态特性和制动轮缸的动态特性，并采用程序间调用的方法进行仿真试验，将前、后电机制动力矩和前、后车轮轮缸制动压力作为状态变量，即状态变量为 $[T_{m1}, T_{m2}, p_{w1}, p_{w2}]^T$，这样可以很容易地获取状态变量。由于状态变量与决策变量一致，动态规划的决策过程就是状态转移过程。

两阶段动态规划优化过程如图 3.8 所示。因为自适应三次指数预测中的一步预测是最精确的，所以采用两阶段动态规划。将 $[z_k \ v_{xk}]$ 和 $[z_{k+1} \ v_{x(k+1)}]$ 分别作为第 I 阶段和第 II 阶段的车辆行驶信息输入动态规划模型中，这两个阶段的车辆行驶信息从自适应三次指数预测模型、驾驶人信息和车辆仿真模型中获取。在优化过程中，将 SOC 近似作为常量处理，Q_{fn} 和 Q_{gm} 分别代表状态 F_n 和 G_m 的指标函数，这两个指标函数可以从预测车辆模型中获取（在仿真过程中，动态规划调用预测车辆模型）。当（$Q_{fi}+Q_{gj}$）（$i=1,2,\cdots,n$；$j=1,2,\cdots,m$）最小时，获得第 I 阶段的最优决策矢量 $[T_{m1req}, T_{m2req}, p_{w1req}, p_{w2req}]^T$。

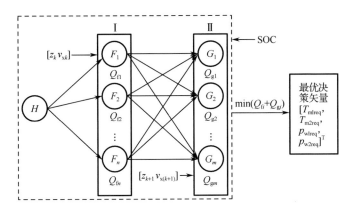

图 3.8　两阶段动态规划优化过程

3.3.3　预测控制框架

预测控制策略集成了自适应三次指数预测和两阶段动态规划，其思想与模型预测控制思想类似，也是采用第一个控制序列。该策略包含工况信息输入，这里将工况信息设为渐变制动强度，采用正弦函数模拟渐变制动强度，即

$$z = 0.5 * \text{abs}(\sin(t/2)) \tag{3.52}$$

如图 3.9 所示，预测控制方法由虚线表示，它包括自适应三次指数预测和两阶段动态规划，具体流程如下：①对模型进行初始化，给出电池的 SOC、制动强度 z_k、车速 v_{xk}、前电机需求制动力矩 T_{m1req}、后电机需求制动力矩 T_{m2req}、前轮需求制动压力 p_{w1req}、后轮需求制动压力 p_{w2req}；②两阶段动态规划调用预测车辆模型，以电池能量回收最大为目标，在满足约束的条件下［式（3.45）～式（3.50）］对前电机需求制动力矩 T_{m1req}、后电机需求制动力矩 T_{m2req}、前轮需求制动压力 p_{w1req}、后轮需求制动压力 p_{w2req} 进行优化并输入车辆仿真模型；③车辆仿真模型输出车速 v_{xk}，用于判断其是否小于 kk（kk 为常数，数值极小），如果小于则仿真结束，否则将它输送至自适应三次指数预测；④自适应指数预测模型根据车辆仿真模型输出的车速 v_{xk} 和驾驶人信息中的制动强度 z_k，进行一步预测得到制动强度 z_{k+1} 和车速 $v_{x(k+1)}$，进而得到预测矢量 $[z_{k+1}\ v_{x(k+1)}]$，并将其传递给两阶段动态规划模型进行下一次寻优，直至 v_{xk} 速小于 kk 时结束仿真。需要特别说明的是，自适应三次指数预测需要先收集一段信息才能开始工作。

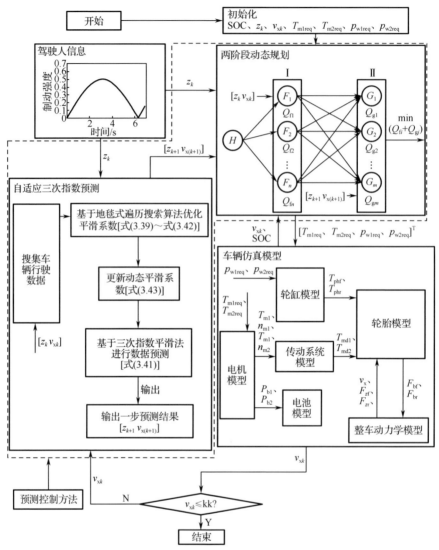

图 3.9 预测控制策略的运行流程

3.4 比较分析与讨论

车辆控制效果的优劣可以通过仿真进行验证，本章通过仿真试验对预测控制模型的关键模型进行验证，车辆的主要技术参数见表 3.1，这些技术参数是通过对第二章优化的结果（CLTC-P）进行适当处理并经过动力性和经济性指标核算得到的。

表 3.1　车辆的主要技术参数

项　　目	参　　数	取　　值
整车	整备质量/kg	1880
	重心高度/m	0.8
	重心到前轴距离/m	1.29
	重心到后轴距离/m	1.61
	轴距/m	2.9
前电机	峰值功率/kW	99
	峰值转矩/（N·m）	242
后电机	峰值功率/kW	124
	峰值转矩/（N·m）	283
电池	容量/（A·h）	234
	标称电压/V	320
前轮轮缸	轮缸直径/mm	49
	制动器因数	0.8
	制动器作用半径/mm	120
后轮轮缸	轮缸直径/mm	21
	制动器因数	0.8
	制动器作用半径/mm	120

3.4.1　制动力分配策略对比

典型的制动力分配策略包括理想制动力分配策略、多阶段制动力分配策略和并行制动力分配策略等。下面主要对理想制动力分配策略和工程中常用的多阶段制动力分配策略进行简要介绍，并将这两种策略作为对比制动力分配策略。

1．理想制动力分配策略

对于一般汽车而言，在其制动过程中可能出现 3 种情况：①前轮先抱死拖滑，后轮再抱死拖滑；②后轮先抱死拖滑，前轮再抱死拖滑；③前、后轮同时抱死拖滑。其中，第 1 种情况属于稳定工况，汽车丧失转向能力，附着条件没有得到充分利用，仍有进一步挖掘制动能力的潜力；第 2 种情况属于不稳定工况，车辆的后轴可能出现侧滑，制动时应尽量避免；在第 3 种情况中，前、后轮同时抱死，路面附着条件得到较好利用，可以避免后轴侧滑，前轮在最大制动强度时会使汽车丧失转向能力。

理想制动力分配策略需要满足前、后轮制动器的制动力之和等于附着力，以及前、后轮制动器的制动力分别等于各自的附着力，即

$$\begin{cases} F_{bf} + F_{br} = \varphi G \\ F_{bf} = \varphi F_{zf} \\ F_{br} = \varphi F_{zr} \end{cases} \tag{3.53}$$

式中，φ 为路面附着系数。对于本节中的四驱纯电动汽车而言，车轮产生的制动力既包括电机在轮端产生的制动力，也包括液压制动系统在轮端产生的制动力。

消去式（3.53）中的 φ，即可得到前、后轮同时抱死时前、后轴制动力的分配方程，即

$$F_{br} = \frac{1}{2} \left[\frac{G}{h_g} \sqrt{L_r^2 + \frac{4h_g L}{G} F_{bf}} - \left(\frac{GL_r}{h_g} + 2F_{bf} \right) \right] \tag{3.54}$$

该方程称为理想制动力分配方程，采用该方程进行制动力分配的策略就是理想制动力分配策略。

在工程应用中，汽车前、后轮的制动力很难按照理想制动力分配策略进行分配，多采用多阶段制动力分配策略。

2. 多阶段制动力分配策略

多阶段制动力分配策略属于基于规则的制动控制策略。该策略因控制简单、易于实现，常用于工程中。本节采用的多阶段制动力分配策略如图 3.10 中的粗虚线所示。

如图 3.10 所示，ECE 法规线为前、后轮制动力分配的下限，其作用是防止前轮分配过多的制动力；曲线代表理想制动力分配曲线。制动力分配需要介于 I 曲线和 ECE 法规线之间，如果其在 I 曲线的上方，则在极限工况下会出现后轴侧滑；如果其在 ECE 法规线的下方，则无法满足法规的要求。r 曲线代表后轮先抱死的制动力分配曲线；f 曲线代表前轮先抱死的制动力分配曲线。β_1、β_2 和 β_3 三条折线代表固定的制动力分配系数，其值分别为 1、0.6644 和 0.7783。A_m 点为 ECE 法规线与横轴的交点，选取该点作为 β_1 线的终点是为了在满足 ECE 法规和弱制动强度的情况下尽量采用前电机回收能量（本书所做研究中的前电机功率较小，在弱制动强度下的效率更高）。B_m

点是 I 曲线与制动强度 $z=0.17$ 的交点，A_m 点和 B_m 点均位于 $z=0.17$ 的等制动强度线上。C_m 点是 I 曲线、β_2 线与 $z=0.4$ 的交点，选取该点作为交点主要是为了保证汽车在湿滑土路上制动时的安全性，湿滑土路的路面附着系数为 $0.4\sim0.5$，可使车辆的前、后轴同时抱死。D_m 点是 I 曲线、β_3 线与 $z=0.8$ 的交点，选取该点作为交点主要是为了符合 ECE 法规要求，使制动力线在 $z=0.15\sim0.8$ 时位于 I 曲线以下，从而使车辆的前轴比后轴先抱死，实现稳态制动。

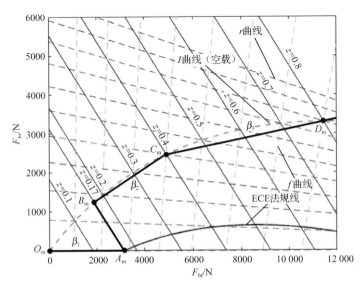

图 3.10　多阶段制动力分配策略

在车辆制动过程中，当 $z<0.17$ 时，制动力分配系数沿 β_1 虚曲线变化；当 $0.17\leqslant z<0.4$ 时，制动力分配系数沿 β_2 虚曲线变化；当 $0.4\leqslant z<0.8$ 时，制动力分配系数沿 β_3 虚曲线变化。由此可知，通过 O_m 点和 A_m 点可以确定 β_1 折线，通过 B_m 点和 C_m 点可以确定 β_2 折线，通过 C_m 点和 D_m 点可以确定 β_3 折线。

需要特别说明的是，无论是理想制动力分配策略，还是多阶段制动力分配策略，它们都满足 ECE 法规的要求。由于本书中采用的动力系统结构为前后轴双电机驱动形式，在满足约束的情况 [式（3.45）～式（3.50）] 下，前、后轮的制动力优先由电机提供，主要是为了尽可能回收更多的能量。

3.4.2　结果分析与讨论

为了验证预测控制策略的优越性，下面对其与多阶段制动力分配策略和理想制动力分配策略分别进行了对比。驾驶人信息采用式（3.52）给定的渐变制动工况。初始车速设为 75km/h，电池的 SOC 初值设为 70%，采用路面条件良好的道路作为仿真道路，其路面附着系数为 0.82。渐变制动工况如图 3.11 所示[114]。

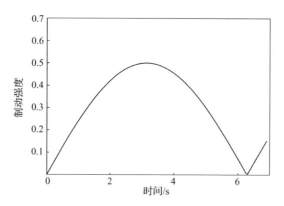

图 3.11　渐变制动工况

多阶段制动力分配策略、理想制动力分配策略和预测控制策略（以下简称三种策略）的制动力分配系数如图 3.12 所示，其中，多阶段制动力分配和理想制动力分配两种策略采用的电机制动力矩约束条件、路面约束条件与预测控制策略相同。

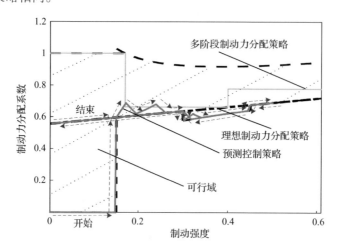

图 3.12　三种策略的制动力分配系数

图 3.12 中的阴影区域为 ECE 法规规定的制动力分配系数的可行域，上

述三种策略的制动力分配系数均在该域内。其中，理想制动力分配策略和多阶段制动力分配策略的制动力分配系数只与制动强度有关，而预测控制策略的制动力分配系数在制动初期接近零，之后沿箭头方向变化，说明该制动力分配系数不仅与制动强度有关，还与车速有关。

　　三种策略对应的前电机制动力矩变化情况如图 3.13 所示，它包括需求制动力矩和实际制动力矩的对比情况。其中，PCMD 为预测控制策略下的需求制动力矩，PCMA 为预测控制策略下的实际制动力矩，MBFDMD 为多阶段分配策略下的需求制动力矩，MBFDMA 为多阶段分配策略下的实际制动力矩，IBFDMD 为理想制动力分配策略下的需求制动力矩，IBFDMA 为理想制动力分配策略下的实际制动力矩。由图 3.13 可知，三种策略在相同制动强度下的制动力矩变化情况不完全相同，它们的最大制动力矩均已达到车辆限制［参见传动系统不发出异响的限制公式（3.49）］。由该图中所示放大部分可知，前电机的实际制动力矩和需求制动力矩并不完全一致，但是在一个控制时长末尾段均与需求制动力矩一致。

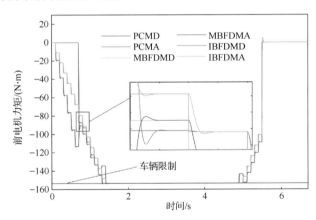

图 3.13　三种策略对应的前电机制动力矩变化情况

　　三种策略对应的后电机制动力矩变化情况如图 3.14 所示，它包括需求制动力矩和实际制动力矩的对比情况。PCMD、PCMA、MBFDMD、MBFDMA、IBFDMD、IBFDMA 的含义与图 3.13 中的类似（只需将前电机替换为后电机）。由图 3.14 可知，三种策略在相同制动强度下的制动力矩变化情况并不相同，它们的最大制动力矩均小于车辆限制。在车辆制动后期，后电机制动力矩为零，说明在制动后期，后电机未参与制动。需要说明的是，图中制动力矩大于零是因为电机力矩变化过程中出现超调。

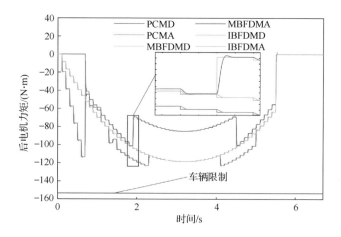

图 3.14　三种策略对应的后电机制动力矩变化情况

　　三种策略对应的前轮轮缸制动压力变化情况如图 3.15 所示，它包括需求制动压力和实际制动压力的对比情况。其中，PCMDp 为预测控制策略下的需求制动压力，PCMAp 为预测控制策略下的实际制动压力，MBFDMDp 为多阶段制动力分配策略下的需求制动压力，MBFDMAp 为多阶段制动力分配策略下的实际制动压力，IBFDMDp 为理想制动力分配策略下的需求制动压力，IBFDMAp 为理想制动力分配策略下的实际制动压力。由图 3.15 可知，三种策略在相同制动强度下的制动压力变化情况并不完全相同。由该图中所示放大部分可知，实际制动压力和需求制动压力并不完全一致，但是在一个控制时长末尾段均与需求制动压力一致，这与电机情况类似。

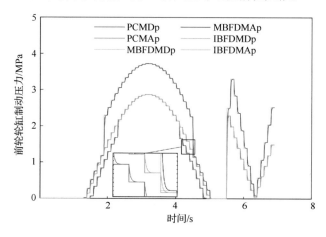

图 3.15　三种策略对应的前轮轮缸制动压力变化情况

三种策略对应的后轮轮缸制动压力变化情况如图 3.16 所示,它包括需求制动压力和实际制动压力的对比情况。PCMDp、PCMAp、MBFDMDp、MBFDMAp、IBFDMDp、IBFDMAp 的含义与图 3.15 中的类似(只需将前轮轮缸替换为后轮轮缸)。在制动前期,后轮轮缸制动压力为零,说明液压系统未参与制动,与图 3.14 相对应。在制动后期,后轮液压系统参与制动。

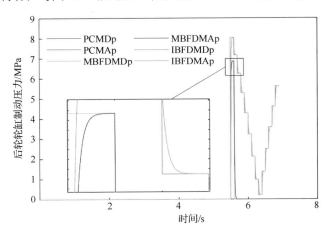

图 3.16　三种策略对应的后轮轮缸制动压力变化情况

三种策略对应的电池 SOC 变化情况如图 3.17 所示,它们的 SOC 均从 70%开始上升,最终分别达到 70.104%(预测控制策略)、70.102%(理想制动力分配策略)和 70.095%(多阶段制动力分配策略),其中以预测控制策略的 SOC 上升最多。

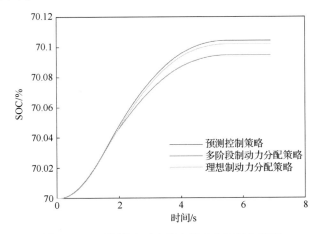

图 3.17　三种策略对应的电池 SOC 变化情况

车速变化情况如图 3.18 所示，结合图 3.13～图 3.15 和图 3.17 可知，当车速较低时，电机关闭，仅有液压系统参与制动。

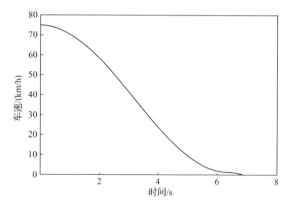

图 3.18　车速变化情况

车辆能量流如图 3.19 所示。车辆的制动能量转化为 4 部分：风阻损失、滚动阻力损失、坡道阻力损失和可回收能量，可回收能量可经车轮传至电池储存，提高能量转化效率是回收能量的关键。

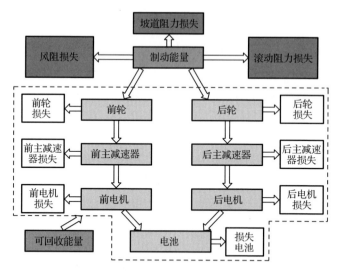

图 3.19　车辆能量流

三种策略对应的部件有效能量如图 3.20 所示，部件有效能量是指流出部件的能量或储存的能量。由该图可知，不同策略的电池储存能量不同，预测控制策略、理想制动力分配策略和多阶段制动力分配策略的电池储存能量分别为 281.63kJ、275.25kJ 和 255.25kJ。与理想制动力分配策略和多阶段制动力分配策略相比，预测控制策略回收的能量分别提高了 1.55%和 6.4%。

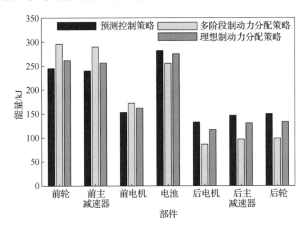

图 3.20　三种策略对应的部件有效能量

三种策略对应的前、后电机效率变化情况分别如图 3.21 和图 3.22 所示。通过比较三种策略，可知预测控制策略的电机效率并非总是最高的。在制动初始阶段，预测控制策略中的前电机和多阶段制动力分配策略中的后电机均未工作（当电机效率为零时，代表电机关闭），图 3.21 中所示放大部分说明不同策略的电机效率不同。

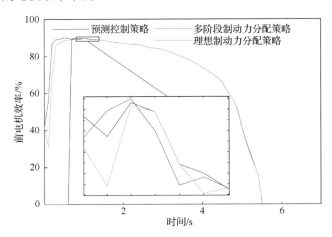

图 3.21　三种策略对应的前电机效率变化情况

三种策略对应的电池效率变化情况如图 3.23 所示。由该图可知，在三种策略中，预测控制策略的电池效率是最低的，多阶段制动力分配策略的电池效率在较长时间内是最高的。由图 3.21～图 3.23 可知，对于双电机驱动车辆而言，很难依靠单独某个部件效率最高实现整体效率最优。

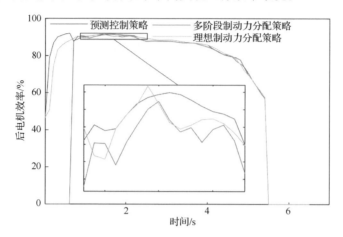

图 3.22　三种策略对应的后电机效率变化情况

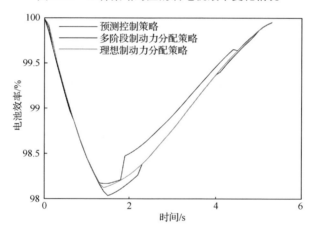

图 3.23　三种策略对应的电池效率变化情况

　　三种策略对应的车辆总效率变化情况如图 3.24 所示，车辆总效率包括电机效率、电池效率和传动系统效率。由该图可知，预测控制策略的车辆总效率始终是最高的，说明该策略具有优越性。

　　综上所述，三种策略在渐变制动工况下进行了仿真对比分析。图 3.12 给出了三种策略的制动力分配系数的变化情况。图 3.13 和图 3.14 分别给出了前、后电机的制动力矩在三种策略下的变化情况。图 3.15 和图 3.16 分别给出了前、后轮的轮缸制动压力在三种策略下的变化情况，表明在制动初期没有液压系统参与制动。图 3.17 给出了电池 SOC 在三种策略下的变化情况，其中以预测控制策略的电池 SOC 最高。图 3.18 给出了车速变化情况。图 3.19 和图 3.20 分别给出了车辆能量流和部件有效能量的变化情况，表明预测控制策略回收的能量最多。图 3.21 和图 3.22 分别给出了前、后电机效率的变化情况，表明预测控制策略的前、后电机效率并非总是最高的。图 3.23 和图 3.24 给出了三种策略对应的电池效率和车辆总效率的变化情况，表明在整个制动过程中预测控制策略的效率最高。

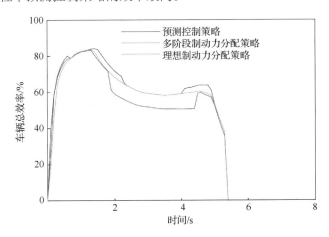

图 3.24　三种策略对应的车辆总效率变化情况

3.5　小结

能量回收技术是提高四驱纯电动汽车续驶里程的关键技术，为了提高车辆制动过程中的能量回收效果，对常规制动条件下的车辆纵向制动控制策略进行研究，本章提出了一种基于自适应三次指数预测和两阶段动态规划的预测控制策略。

自适应三次指数预测充分利用车辆的行驶信息，对车速和制动强度进行预测，为两阶段动态规划提供参数支撑。两阶段动态规划对前电机需求制动力矩、后电机需求制动力矩、前轮需求制动压力、后轮需求制动压力进行优化，为车辆运行提供控制参数。

为了验证预测控制策略的优越性，对其在渐变制动工况下进行了仿真分析，相关结果表明，与理想制动力分配策略和多阶段制动力分配策略相比，预测控制策略回收的能量分别提高了 1.55% 和 6.4%。

第4章

考虑制动强度影响的车辆主动悬架模型预测控制

4.1 引言

　　车辆的制动过程会引起车身的俯仰运动，导致车辆的乘坐舒适性变差。随着人们生活水平的不断提高，人们对车辆舒适性的要求越来越高。当前对于车辆垂向运动的研究多以路面激励为条件开展，而已知的由车辆纵向运动引起车辆垂向振动的研究较少，但车辆在行驶过程中，尤其是在城区行驶时会经常制动，因此研究在车辆制动过程中抑制车辆垂向振动的控制策略具有重要意义。

　　为了处理由制动强度引起的车辆垂向振动，本章建立了适合研究制动强度影响的车辆模型，并在此基础上提出了抑制车辆垂向振动的控制策略，具体包括：①在传统半车模型的基础上，建立包含制动强度影响的等效动力学半车模型，以便研究制动强度对车辆垂向振动的影响；②提出一种以前车身垂向速度、后车身垂向速度、前轮垂向速度、后轮垂向速度为控制目标的模型预测控制策略，并基于李雅普诺夫理论，证明了模型预测控制系统的稳定性。

4.2 等效动力学半车模型

　　由于引入了制动强度对车身的影响，需要对传统半车模型进行修改才能获得所需的动力学模型。本节先对等效半车模型进行描述，并与五自由度半车综合模型[115]进行比较分析，然后对等效动力学半车模型进行推导。

4.2.1　等效半车模型及其比较分析

1. 等效半车模型

四自由度半车模型能够反映车辆的俯仰运动和垂向运动，因而选用该类模型为基础建立包含制动强度影响的半车模型，为了将制动强度反映到半车模型中，将由制动强度引起的前、后轮载荷转移，按其作用效果等效为前轮等效力 F_{mf} 和后轮等效力 F_{mr} 分别作用于前、后悬架。包含制动强度影响的等效半车模型（与四自由度半车模型相比多了车辆纵向运动的自由度）如图 4.1 所示。为了更清楚地反映制动强度对悬架控制的影响，将路面输入设为零，即车辆在理想的水平路面上行驶。

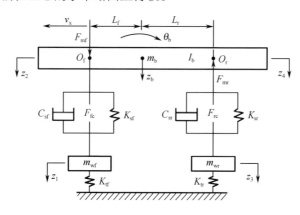

图 4.1　包含制动强度影响的等效半车模型

如图 4.1 所示，m_b 为二分之一车身质量（kg）；I_b 为二分之一车身转动惯量（kg·m^2）；θ_b 为车身俯仰角；z_b 为二分之一车身质心位置（垂向位移）；O_f、O_r 分别为前、后车轴的位置；L_f、L_r 分别为前、后车轴与车身质心 z_b 之间的距离（m）；z_1、z_3 分别为前、后非簧载质量垂向位移（m）；z_2、z_4 分别为前、后车身垂向位移（m）；C_{sf}、C_{sr} 分别为前、后悬架阻尼（N·s/m）；K_{sf}、K_{sr} 分别为前、后悬架刚度（N/m）；F_{fc}、F_{rc} 分别为前、后悬架控制力（N）；K_{tf}、K_{tr} 分别为前、后轮胎刚度（N/m）；m_{wf}、m_{wr} 分别为前、后非簧载质量（kg）。

2. 与五自由度半车综合模型的比较分析

图 4.2 所示为文献[115]中给出的五自由度半车综合模型。该模型主要包

括整车纵向刚体运动、车身的垂直运动和俯仰运动，以及前、后车轮绕其轴线的旋转运动共 5 个运动自由度。图中右半部分为车轮运动示意图，它反映了地面对后轮制动力 F_{br}（以后轮为例）及后轮制动力矩 T_{d2} 对车轮运动的影响。该模型还考虑了路面激励对车辆运动的影响，这是等效半车模型并未涉及的（因为等效半车模型为了更清楚地反映制动强度对悬架控制的影响，选择将路面输入设为零）。

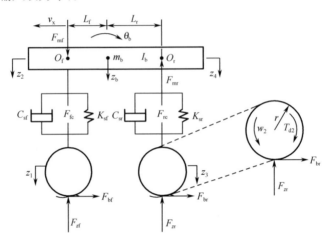

图 4.2　五自由度半车综合模型

尽管五自由度半车综合模型反映了车辆制动力对车轮运动的影响，但该模型并不能直观反映地面制动力对车身垂向运动的影响。车辆的垂向运动可以看成是由两种原因引起的，分别是由路面激励通过非簧载质量而引起的振动和车辆惯性引起的振动。车辆惯性引起的振动最终是由地面制动力引起的（忽略空气阻力、加速阻力和坡道阻力的影响）。从车辆垂向运动的效果上讲，地面制动力使车辆产生俯仰运动，俯仰运动主要体现在车身部分，车轮部分的俯仰运动可以忽略，因此，地面制动力对车辆垂向运动的影响可以近似看成对车身垂向运动的影响。于是在不考虑路面激励对车辆垂向运动影响的情况下，图 4.2 所示的五自由度半车综合模型可以转化为图 4.1 所示的等效半车模型。

4.2.2　等效动力学半车模型推导

在制动强度为 z 的情况下（以半车为例进行推导），前、后轮载荷分别为 F_{zf}、F_{zr}，与式（3.3）类似，将其改写为

$$\begin{cases} F_{zf} = GL_r/(2L) + Gzh_g/(2L) \\ F_{zr} = GL_f/(2L) - Gzh_g/(2L) \end{cases} \tag{4.1}$$

式中，$G=2(m_b+m_{wr}+w_{mf})g$；$Gzh_g/(2L)$ 为动载荷，即由车辆制动强度引起的轮荷转移，忽略非簧载质量轴荷转移，按其作用效果将动载荷等效为前轮等效力 F_{mf} 和后轮等效力 F_{mr}，它们的计算式为

$$\begin{cases} F_{mf} = |\, m_b g h_g/L \,| \\ F_{mr} = |\, -m_b g h_g/L \,| \end{cases} \tag{4.2}$$

F_{mf}、F_{mr} 实际是由制动强度产生的一对力偶，这对力偶会影响悬架的运动，因此在制动工况下进行悬架控制时，应将这对力偶考虑在内。

在以下对车辆部件建立动力学模型的过程中均未考虑重力的影响，因为在进行车辆垂向运动分析时，悬架及非簧载质量刚度的存在可以抵消重力的作用效果（重力也在垂向上）。而 F_{mf}、F_{mr} 这对力偶是由车辆纵向运动引起的，必须考虑在内。

悬架是连接车身与非簧载质量的部件，前、后悬架产生的力分别为

$$\begin{cases} F_{fs} = K_{sf}(z_1 - z_2) + C_{sf}(\dot{z}_1 - \dot{z}_2) + F_{fc} \\ F_{rs} = K_{sr}(z_3 - z_4) + C_{sr}(\dot{z}_3 - \dot{z}_4) + F_{rc} \end{cases} \tag{4.3}$$

式中，F_{fs}、F_{rs} 分别为前、后悬架产生的力（N）；$\dot{z}_1$、$\dot{z}_2$、$\dot{z}_3$、$\dot{z}_4$ 分别为前非簧载质量、前车身、后非簧载质量、后车身的垂向速度（m/s）。

对非簧载质量应用牛顿第二定律，可得

$$\begin{cases} m_{wf}\ddot{z}_1 = -K_{tf}z_1 - F_{fs} \\ m_{wr}\ddot{z}_3 = -K_{tr}z_3 - F_{rs} \end{cases} \tag{4.4}$$

式中，$\ddot{z}_1$、$\ddot{z}_3$ 分别为前非簧载质量、后非簧载质量的垂向加速度（m/s^2）。

对车身应用牛顿第二定律，可得

$$m_b\ddot{z}_b = F_{fs} + F_{rs} \tag{4.5}$$

式中，$\ddot{z}_b$ 为车身质心垂向加速度（m/s^2）。

关于车身俯仰角的动力学方程为

$$\begin{aligned} I_b\ddot{\theta}_b &= -L_f F_{fs} + L_r F_{rs} - L_f F_{mf} - L_r F_{mr} \\ &= -L_f F_{fs} + L_r F_{rs} - m_b g h_g \end{aligned} \tag{4.6}$$

式中，$\ddot{\theta}_b$ 为车身俯仰角加速度（rad/s^2）。

当俯仰角较小时，近似有

$$\begin{cases} \ddot{z}_2 = \ddot{z}_b - L_f\ddot{\theta}_b \\ \ddot{z}_4 = \ddot{z}_b + L_r\ddot{\theta}_b \end{cases} \tag{4.7}$$

式中，$\ddot{z}_2$、$\ddot{z}_4$分别为前车身、后车身的垂向加速度（m/s²）。

4.3　模型预测控制策略

从 20 世纪 60 年代初期开始发展并逐渐完善的现代控制理论，具有最佳性能指标和系统且精确的理论设计方法，在航天航空等领域获得了卓越的成就，然而在应用于工业过程控制时却没有达到预期的效果。究其原因，基于优化和制导的现代控制理论虽然已经相当成熟，但其需要精确的数学模型，控制算法也相对复杂，而工业过程控制往往具有非线性、时变性、强耦合和不确定性等特点，难以得到精确的数学模型，基于相对理想的数学模型获得的控制会导致控制品质的严重下降。由于还需要系统辨识、模型简化、鲁棒控制、自适应控制等，会额外增加很多工作量，成本也高，尤其是对模型的精确依赖，导致该理论在工业过程控制中不易实现。面对理论发展与实际应用之间的不协调，人们从工业控制的特点与需求出发，探索各种对模型精度要求不高但能实现同样高质量控制的方法。正是在这种背景下，模型预测控制（Model Predictive Control）应运而生。

模型预测控制的发展大致分为三个阶段，分别如下所述。

第一阶段是 20 世纪 70 年代以阶跃响应、脉冲响应等非模型参数实现的第一代模型预测控制器，它以 IDCOM 和 DMC 为代表。IDCOM 是根据Richalet 等提出的模型预测启发控制方法（MPHC）开发的，MPHC 在模型预测控制发展史上具有重要的地位，它采用非参数响应模型。非参数响应模型在 1910—1930 年间由 Frechet 和 Volterra 提出，直到 1978 年 Richalet 等提出了 MPHC，其优越性才被人们认识。非参数响应模型的建立十分简单，通过脉冲响应试验或阶跃响应试验即可实现，因而不需要考虑模型结构和阶次，过程纯滞后很自然地包含在模型之中，尤其是易于表示动态响应不规则的对象特性。此外，MPCH 中的参考响应轨迹由限定值控制，而参考响应轨迹也是在很早之前就被提出了，Richalet 等首次在模型预测控制中应用参考响应轨迹，让人们看到了它的巨大价值。MPCH 根据以下递推方程建立参考响应轨迹：

$$\begin{cases} w(k+i) = \alpha \cdot w(k+i-1) + (1-\alpha) \cdot w_0 \\ w(k) = y(k) \end{cases} \tag{4.8}$$

式中，w_0 为设定值；$\alpha(0 < \alpha < 1)$ 为比例系数；$w(k)$ 为传递数值的中间量；$y(k)$为当前时刻的被控制变量输出值。

MPHC 采用最小二乘法求控制率，虽然它没有明确提出目标函数及最优算法，但其本身采用了简单形式的二次范数目标函数和 QP 算法。作为第一代模型预测控制器，IDCOM 由于缺乏强有力的理论约束，必须依靠专业知识和经验，加上它对诸如最小相位开环系统不适用等不足，最终会被更先进的模型预测控制器所替代。

第二阶段是 20 世纪 80 年代从自适应控制发展而来的自适应预测控制器（第二代模型预测控制器），它以 QDMC 为代表，QDMC 是 DMC 的升级产品。下面介绍第二代模型预测控制器具有的两个特点：

（1）第二代模型预测控制器明确提出了目标函数和最优化求解，同期出现了 3 种形式的目标函数及相应的控制算法，使得最优控制理论能用于模型预测控制中。根据目标函数形式的不同，此时期的模型预测控制器大概可以分为 3 种，分别是 Morshedi 和 Culter 的 LDMC 应用一次范数形式的最优控制算法、Morshedi 和 Garcia 的 QDMC 应用二次范数形式的最优控制算法，以及 Campo 和 Morari 应用无穷次范数形式的最优控制算法。

（2）第二代模型预测控制器将控制变量项加入目标函数中，使约束处理变得十分方便。

控制变量的约束可以分为下述 3 类。

① 幅值约束：$u_{\min} \leqslant u(k+i-1) \leqslant u_{\max}$，$i=1,2,\cdots,P$；

② 速度约束：$|\Delta u(k+i-1)| \leqslant V_{\max}$，$i=1,2,\cdots,P$；

③ 加速度约束：$|\Delta u(k+i-1) - \Delta u(k+i-2)| \leqslant a_{\max}$，$i=1,2,\cdots,P$。

根据约束类型的不同，加入目标函数中的控制变量项也不同。第二代模型预测控制器与第一代相比，其约束处理变得更方便，但不适用于快速响应过程的控制。此外，虽然相较于第一代拥有更广泛的通用性，但是第二代模型预测控制器仍然对某些系统不适用。

第三阶段是从 20 世纪 90 年代开始发展并沿用至今的第三代模型预测控制器，它以 GPC 和 PFC 为代表。第三代模型预测控制器相较于第二代的优势在于能够适用于快速响应过程的控制。GPC 的目标函数相较于前两代模型预测控制器的目标函数得到了优化，其单输入单输出（SISO）形式如下：

$$J = \sum_{i=N_1}^{P} [\hat{y}(k+i) - w(k+i)]^2 + \sum_{i=1}^{N_2} \lambda(i) \cdot \Delta u(k+i-1)^2 \tag{4.9}$$

式中，N_1 为预测控制输出偏差积累起点，用于克服某些过程的反向特性引发的不利影响，即此类系统在控制初期输出的偏差在控制作用增强时会增大，

这会导致后续控制作用继续增强，进而产生大的超调，影响系统的稳定性，而通过后移偏差积累起点，在目标函数中去掉反向特性的不利影响就能避免产生大的超调；N_2 为控制作用时间，控制作用在超过 N_2 后就不再发生变化，输出跟踪通过控制作用的自由响应实现，N_2 取得小，计算量就少，跟踪速度也能提高，这有利于控制快速响应过程。上述内容就是 GPC 优于第二代模型预测控制器之处，但此时的输出动态响应性能会变差。

PFC 和之后的 PPC 是从 IDCOM 和 HIECOM 升级而来的。PFC 控制率的计算是基于局域函数的，局域函数采用控制变量的泰勒级数多项式展开形式。PFC 由奇函数选择和决定控制精度，因而不存在考虑稳定性和精度的问题。PFC 采用二次目标函数，在控制中采用前馈内模控制方案，能够进行全局识别，适用于带有约束、设定值变化、无时滞、抗干扰要求极强的单变量不稳定或欠阻尼过程的控制。

模型预测控制是一类特殊的控制。它当前的控制动作是在每个采样瞬间通过求解一个有限时域最优控制问题而获得的。当前状态作为最优控制问题的初始状态，求得的最优控制序列只实施第一个控制序列，这是它与使用预先计算控制律的算法的最大不同。从本质上讲，模型预测控制就是求解一个最优控制的问题。

模型预测控制的基本组成包括预测模型、反馈校正、滚动优化和参考轨迹等。

（1）预测模型。预测控制是一种基于模型的控制算法，从字面上可知，预测控制应具有预测功能，即能够根据系统当前时刻的控制输入及过程的历史信息，预测过程输出的未来值，因此需要一个描述系统动态行为的模型作为预测模型。预测模型的功能是根据被控对象的历史信息和假设的未来输入，预测未来的状态和输出，它只强调模型的预测功能，并不在乎模型的具体实现形式，如状态方程、传递函数等参数模型，阶跃响应、脉冲响应等非参数模型（对于稳定的线性对象），以及任何可以实现预测功能的模型。预测模型具有展示过程未来动态行为的功能，从而可以像在系统仿真中那般任意给出未来控制策略，并观察不同策略下过程的输出变化，为比较这些策略奠定基础。

（2）反馈校正。预测控制是一种基于反馈的控制算法，采用预测模型进行过程输出值的预估只是一种理想的方式，而在实际过程中，由于存在非线性、模型失配和干扰等不确定因素，基于模型的预测不可能完全与实际相符。

因此，在预测控制中，先通过输出的测量值 $Y(k)$ 与模型的预估值 $Y_m(k)$ 进行比较，得出模型的预测误差，再利用该误差对模型的预估值进行修正。由于对模型施加了反馈校正的过程，预测控制具有很强的抗扰动和克服系统不确定性的能力。预测控制不仅基于模型，也利用了反馈信息，它是一种闭环优化控制算法。

（3）滚动优化。预测控制是一种优化的控制算法，需要通过某一性能指标的最优化来确定未来的控制作用。该性能指标还涉及过程未来的行为，它是根据预测模型由未来的控制策略所决定的。然而预测控制中的优化与一般的离散最优控制算法不同，它没有采用一个不变的全局最优目标，而是采用滚动式有限时域优化策略。即优化过程不是一次离线完成的，而是反复在线进行的。在每个采样时刻，优化性能指标只涉及从该时刻到未来有限的时间，而到下一个采样时刻，这一优化时段会同步向前。因此，预测控制没有采用一个全局相同的优化性能指标，而是在不同时刻都有一个对应该时刻的局部优化性能指标。

（4）参考轨迹。在预测控制中，考虑到过程的动态特性，为了使过程不出现输入和输出的急剧变化，当进行预测控制时，需要知道一条期望的、平缓的曲线，并要求过程输出沿着这条曲线达到设定值，这条曲线通常称为参考轨迹。控制目标就是使输出的相关状态量尽量接近参考轨迹，也就是说，预测控制实际是一个多目标有限时域优化问题。

与其他控制算法相比，模型预测控制具有以下特点：

① 对模型的精度要求不高，建模方便，过程描述可由简单试验获得。

② 采用非最小化描述的模型，系统的鲁棒性和稳定性较好。

③ 采用滚动优化的方法，而非全局一次优化，能及时弥补由于模型失配、畸变、干扰等因素所引起的不确定性，动态性能较好。

④ 易将算法推广到有约束、长延迟、非最小相位、非线性等实际过程中，能够有效处理多变量、有约束的问题。

抑制车身的垂向运动是一个多目标控制问题，而模型预测控制具有实现多目标优化的能力，并能够及时弥补不确定因素引起的干扰，因此采用模型预测控制是必要的。本节首先建立模型预测控制系统，然后基于李雅普诺夫理论证明它的稳定性。需要特别说明的是，本章是在所有状态可测的假设下开展研究的。

模型预测控制系统包括预测模型和滚动优化等。模型预测控制策略基本框图如图 4.3 所示。

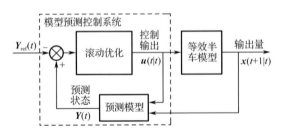

图 4.3　模型预测控制策略基本框图

预测模型是模型预测控制策略的核心部分，它通过等效半车模型获得。模型预测控制策略的基本思想是通过预测模型获得预测的状态 $Y(t)$（t 为当前时刻）并与参考状态 $Y_{ref}(t)$ 做差（反馈校正），通过建立的目标函数进行滚动优化获得控制输出 $u(t|t)$，控制输出 $u(t|t)$ 用于控制等效半车模型，最后将当前的控制输出 $u(t|t)$ 和等效半车模型输出 $x(t+1|t)$ 传至预测模型用于状态预测，如此循环往复，实现滚动优化控制。

4.3.1　模型预测控制系统

根据式（4.2）～式（4.7）可得

$$
\begin{cases}
\ddot{z}_1 = 1/m_{wf}[-K_{tf}z_1 - K_{sf}(z_1 - z_2) - C_{sf}(\dot{z}_1 - \dot{z}_2) - F_{fc}] \\
\ddot{z}_2 = (1/m_b + L_f^2/I_b)[K_{sf}(z_1 - z_2) + C_{sf}(\dot{z}_1 - \dot{z}_2) + F_{fc}] + \\
\quad (1/m_b - L_f L_r/I_b)[K_{sr}(z_3 - z_4) + C_{sr}(\dot{z}_3 - \dot{z}_4) + F_{rc}] + L_f/I_b m_b g z h_g \\
\ddot{z}_3 = 1/m_{wr}[-K_{tr}z_3 - K_{sr}(z_3 - z_4) - C_{sr}(\dot{z}_3 - \dot{z}_4) - F_{rc}] \\
\ddot{z}_4 = (1/m_b - L_f L_r/I_b)[K_{sf}(z_1 - z_2) + C_{sf}(\dot{z}_1 - \dot{z}_2) + F_{fc}] + \\
\quad (1/m_b + L_r^2/I_b)[K_{sr}(z_3 - z_4) + C_{sr}(\dot{z}_3 - \dot{z}_4) + F_{rc}] - L_r/I_b m_b g z h_g
\end{cases}
\tag{4.10}
$$

将上式写成矩阵形式，即

$$
\dot{x} = Ax + Bu \tag{4.11}
$$

式中，$x = [\dot{z}_1, \dot{z}_2, \dot{z}_3, \dot{z}_4, z_1, z_2, z_3, z_4]^T$，为状态向量；$u = [z, F_{fc}, F_{rc}]^T$，为控制输出向量；

$$A = \begin{bmatrix} -C_{sf}/m_{wf} & C_{sf}/m_{wf} & 0 & 0 \\ -(K_{tf}+K_{sf})/m_{wf} & K_{sf}/m_{wf} & 0 & 0 \\ (1/m_b+L_f^2/I_b)C_{sf} & -(1/m_b+L_f^2/I_b)C_{sf} & (1/m_b-L_fL_r/I_b)C_{sr} & -(1/m_b-L_fL_r/I_b)C_{sr} \\ (1/m_b+L_f^2/I_b)K_{sf} & -(1/m_b+L_f^2/I_b)K_{sf} & (1/m_b-L_fL_r/I_b)K_{sr} & -(1/m_b-L_fL_r/I_b)K_{sr} \\ 0 & 0 & -C_{sr}/m_{wr} & C_{sr}/m_{wr} \\ 0 & 0 & -(K_{tr}+K_{sr})/m_{wr} & K_{sr}/m_{wr} \\ (1/m_b-L_fL_r/I_b)C_{sf} & -(1/m_b-L_fL_r/I_b)C_{sf} & (1/m_b+L_r^2/I_b)C_{sr} & -(1/m_b+L_r^2/I_b)C_{sr} \\ (1/m_b-L_fL_r/I_b)K_{sf} & -(1/m_b-L_fL_r/I_b)K_{sf} & (1/m_b+L_r^2/I_b)K_{sr} & -(1/m_b+L_r^2/I_b)K_{sr} \\ \multicolumn{2}{c}{0_{4*4}} & \multicolumn{2}{c}{I_{4*4}} \end{bmatrix},$$

为状态矩阵；　$B = \begin{bmatrix} 0 & 1/m_{wf} & 0 \\ L_f m_b g h_g/I_b & 1/m_b+L_f^2/I_b & 1/m_b-L_fL_r/I_b \\ 0 & 0 & -1/m_{wr} \\ L_r m_b g h_g/I_b & 1/m_b-L_fL_r/I_b & 1/m_b+L_r^2/I_b \\ \multicolumn{3}{c}{0_{4\times4}} \end{bmatrix}$，为控制矩阵。

该系统为线性时不变系统。

式（4.11）表示连续系统，对其采用一阶欧拉法进行离散化处理，即

$$\frac{\mathrm{d}x}{\mathrm{d}t} \approx \frac{x(t+1|t)-x(t|t)}{T_s} \tag{4.12}$$

式中，T_s 为采样时间；$x(t|t)$、$x(t+1|t)$ 分别为 t 时刻、$t+1$ 时刻的状态向量。在本章中，形如 $t+i$ 均指从 t 时刻起，增加到第 i 个时域，实际对应时间为 $t+iT_s(i=1,2,3\cdots)$。

结合式（4.11）、式（4.12）可得离散系统：

$$\begin{cases} x(t+1|t) = A_a x(t|t) + B_b u(t|t) \\ A_a = I_{8\times8} + AT_s \\ B_b = BT_s \end{cases} \tag{4.13}$$

将式（4.13）转化为控制增量的方程并增加输出方程，可得离散系统状态方程：

$$\begin{cases} \xi(t+1|t) = \tilde{A}_a \xi(t|t) + \tilde{B}_b \Delta u(t|t) \\ \eta(t|t) = \tilde{C}_c \xi(t|t) \end{cases} \tag{4.14}$$

式中，$\xi(t|t)=[x(t|t);\ u(t-1|t)]$，为系统的增广状态量；$\tilde{A}_a = [A_a, B_b; 0_{3\times8}, I_{3\times3}]$，$\tilde{B}_b = [B_b; I_{3\times3}]$，$\tilde{C}_c = I_{11\times11}$，$I$ 为单位矩阵；$\Delta u(t|t)=u(t|t)-u(t-1|t)$，这里将所有增广状态量都输出。

设 Np、Nc 分别为系统的预测时域和控制时域，预测时域内的增广状态量和系统输出量为

$$\begin{cases} \boldsymbol{\xi}(t+\mathrm{Np}\,|\,t) = \tilde{\boldsymbol{A}}_\mathrm{a}\boldsymbol{\xi}(t\,|\,t) + \tilde{\boldsymbol{A}}_\mathrm{a}^{\mathrm{Np}-1}\tilde{\boldsymbol{B}}_\mathrm{b}\Delta\boldsymbol{u}(t\,|\,t) + \cdots + \tilde{\boldsymbol{A}}_\mathrm{a}^{\mathrm{Np}-\mathrm{Nc}}\tilde{\boldsymbol{B}}_\mathrm{b}\Delta\boldsymbol{u}(t+\mathrm{Nc}\,|\,t) + \cdots + \\ \qquad\qquad\quad \tilde{\boldsymbol{B}}_\mathrm{b}\Delta\boldsymbol{u}(t+\mathrm{Np}-1\,|\,t) \\ \boldsymbol{\eta}(k+\mathrm{Np}\,|\,t) = \tilde{\boldsymbol{C}}_\mathrm{c}\tilde{\boldsymbol{A}}_\mathrm{a}\boldsymbol{\xi}(t\,|\,t) + \tilde{\boldsymbol{C}}_\mathrm{c}\tilde{\boldsymbol{A}}_\mathrm{a}^{\mathrm{Np}-1}\tilde{\boldsymbol{B}}_\mathrm{b}\Delta\boldsymbol{u}(t\,|\,t) + \cdots + \tilde{\boldsymbol{C}}_\mathrm{c}\tilde{\boldsymbol{A}}_\mathrm{a}^{\mathrm{Np}-\mathrm{Nc}}\tilde{\boldsymbol{B}}_\mathrm{b}\Delta\boldsymbol{u}(t+\mathrm{Nc}\,|\,t) + \cdots + \\ \qquad\qquad\quad \tilde{\boldsymbol{C}}_\mathrm{c}\tilde{\boldsymbol{B}}_\mathrm{b}\Delta\boldsymbol{u}(t+\mathrm{Np}-1\,|\,t) \end{cases}$$

（4.15）

将上式写成矩阵形式，即

$$\boldsymbol{Y}(t) = \boldsymbol{\psi}\boldsymbol{\xi}(t\,|\,t) + \boldsymbol{\chi}\Delta\boldsymbol{U}_t$$

（4.16）

式中，$\boldsymbol{Y}(t) = [\boldsymbol{\eta}(t+1\,|\,t); \boldsymbol{\eta}(t+2\,|\,t); \cdots; \boldsymbol{\eta}(t+\mathrm{Np}\,|\,t)]$；$\boldsymbol{\psi} = [\tilde{\boldsymbol{C}}_\mathrm{c}\tilde{\boldsymbol{A}}_\mathrm{a}; \tilde{\boldsymbol{C}}_\mathrm{c}\tilde{\boldsymbol{A}}_\mathrm{a}^2; \cdots; \tilde{\boldsymbol{C}}_\mathrm{c}\tilde{\boldsymbol{A}}_\mathrm{a}^{\mathrm{Np}}]$；

$$\boldsymbol{\chi} = \begin{bmatrix} \tilde{\boldsymbol{C}}_\mathrm{c}\tilde{\boldsymbol{B}}_\mathrm{b} & 0 & 0 & 0 \\ \tilde{\boldsymbol{C}}_\mathrm{c}\tilde{\boldsymbol{A}}_\mathrm{a}\tilde{\boldsymbol{B}}_\mathrm{b} & \tilde{\boldsymbol{C}}_\mathrm{c}\tilde{\boldsymbol{B}}_\mathrm{b} & 0 & 0 \\ \vdots & \vdots & & \vdots \\ \tilde{\boldsymbol{C}}_\mathrm{c}\tilde{\boldsymbol{A}}_\mathrm{a}^{\mathrm{Nc}-1}\tilde{\boldsymbol{B}}_\mathrm{b} & \tilde{\boldsymbol{C}}_\mathrm{c}\tilde{\boldsymbol{A}}_\mathrm{a}^{\mathrm{Nc}-2}\tilde{\boldsymbol{B}}_\mathrm{b} & \cdots & \tilde{\boldsymbol{C}}_\mathrm{c}\tilde{\boldsymbol{B}}_\mathrm{b} \\ \tilde{\boldsymbol{C}}_\mathrm{c}\tilde{\boldsymbol{A}}_\mathrm{a}^{\mathrm{Nc}}\tilde{\boldsymbol{B}}_\mathrm{b} & \tilde{\boldsymbol{C}}_\mathrm{c}\tilde{\boldsymbol{A}}_\mathrm{a}^{\mathrm{Nc}-1}\tilde{\boldsymbol{B}}_\mathrm{b} & \cdots & \tilde{\boldsymbol{C}}_\mathrm{c}\tilde{\boldsymbol{A}}_\mathrm{a}\tilde{\boldsymbol{B}}_\mathrm{b} \\ \vdots & \vdots & & \vdots \\ \tilde{\boldsymbol{C}}_\mathrm{c}\tilde{\boldsymbol{A}}_\mathrm{a}^{\mathrm{Np}-1}\tilde{\boldsymbol{B}}_\mathrm{b} & \tilde{\boldsymbol{C}}_\mathrm{c}\tilde{\boldsymbol{A}}_\mathrm{a}^{\mathrm{Np}-1}\tilde{\boldsymbol{B}}_\mathrm{b} & \cdots & \tilde{\boldsymbol{C}}_\mathrm{c}\tilde{\boldsymbol{A}}_\mathrm{a}^{\mathrm{Np}-\mathrm{Nc}}\tilde{\boldsymbol{B}}_\mathrm{b} \end{bmatrix}$$；$\Delta\boldsymbol{U}_t = [\Delta\boldsymbol{u}(t\,|\,t); \Delta\boldsymbol{u}(t+1\,|\,t); \cdots;$

$\Delta\boldsymbol{u}(t+\mathrm{Nc}-1\,|\,t)]$。

在进行模型预测控制之前，应先选定目标函数，为了使优化目标都能得到可行解，这里在目标函数中加入了松弛因子，目标函数为

$$J(\boldsymbol{\xi}(t), \boldsymbol{u}(t-1), \Delta\boldsymbol{U}_t) = \sum_{i=1}^{\mathrm{Np}} \| \boldsymbol{\eta}(t+i\,|\,t) - \boldsymbol{\eta}_\mathrm{ref}(t+i\,|\,t) \|_{\boldsymbol{Q}_\mathrm{mpc}}^2 + \sum_{i=0}^{\mathrm{Nc}-1} \| \Delta\boldsymbol{u}(t+i\,|\,t) \|_{\boldsymbol{R}_\mathrm{mpc}}^2 + \rho\varepsilon^2$$

（4.17）

式中，ρ 为权重系数，$\rho > 0$；ε 为松弛因子。$\boldsymbol{R}_\mathrm{mpc}$ 矩阵的选取直接影响控制效果，本章通过仿真试验，将 $\boldsymbol{R}_\mathrm{mpc}$ 矩阵设为零矩阵，即 $\boldsymbol{R}_\mathrm{mpc}$=zeros(3,3)。$\boldsymbol{Q}_\mathrm{mpc}$ 矩阵的选取直接影响算法跟踪的增广状态量，在车辆制动过程中，研究者期望获得与静止状态一样的垂向速度，即 $[\dot{z}_1, \dot{z}_2, \dot{z}_3, \dot{z}_4] = [0,0,0,0]$，因此设置输出参考为 $\boldsymbol{\eta}_\mathrm{ref}(t+i\,|\,t)(1:4,1) \equiv$zeros(4,1)。权重矩阵 $\boldsymbol{Q}_\mathrm{mpc}$ 只需使目标函数的求解与增广状态的前 4 项有关，故通过仿真试验确定 $\boldsymbol{Q}_\mathrm{mpc}$，令 $\boldsymbol{Q}_\mathrm{mpc} \in R_{11\times11}$，$\boldsymbol{Q}_\mathrm{mpc}(1,1)$=10 000，$\boldsymbol{Q}_\mathrm{mpc}(2,2)$=10 000，$\boldsymbol{Q}_\mathrm{mpc}(3,3)$=10 000，$\boldsymbol{Q}_\mathrm{mpc}(4,4)$=100 000，其余元素为 0。

将式（4.16）代入式（4.17）可得

$$J(\boldsymbol{\xi}(t), \boldsymbol{u}(t-1), \Delta\boldsymbol{U}_t) = [\Delta\boldsymbol{U}_t^\mathrm{T}, \varepsilon]\boldsymbol{H}[\Delta\boldsymbol{U}_t^\mathrm{T}, \varepsilon]^\mathrm{T} + \boldsymbol{G}_t[\Delta\boldsymbol{U}_t^\mathrm{T}, \varepsilon]^\mathrm{T} + \boldsymbol{P}_t$$

（4.18）

式中，$H = \begin{bmatrix} \boldsymbol{\psi}^{\mathrm{T}}\boldsymbol{Q}_{\mathrm{e}}\boldsymbol{\psi} + \boldsymbol{R}_{\mathrm{e}} & 0 \\ 0 & \rho \end{bmatrix}$，$\boldsymbol{G}_t = [2\boldsymbol{E}(t)^{\mathrm{T}}\boldsymbol{Q}_{\mathrm{e}}\boldsymbol{\psi}, 0]$，$\boldsymbol{P}_t = \boldsymbol{E}(t)^{\mathrm{T}}\boldsymbol{Q}_{\mathrm{e}}\boldsymbol{E}(t)$，$\boldsymbol{Q}_{\mathrm{e}} = \boldsymbol{I}_{\mathrm{Np} \times \mathrm{Np}}$

$\otimes \boldsymbol{Q}_{\mathrm{mpc}}$，$\boldsymbol{R}_{\mathrm{e}} = \mathrm{zeros}\,(3\mathrm{Nc}, 3\mathrm{Nc})$，　$\boldsymbol{E}(t) = \boldsymbol{\psi}\boldsymbol{\xi}(t|t) - \boldsymbol{Y}_{\mathrm{ref}}(t)$，　$\boldsymbol{Y}_{\mathrm{ref}}(t) = [\boldsymbol{\eta}_{\mathrm{ref}}(t+1|t);$

$\boldsymbol{\eta}_{\mathrm{ref}}(t+2|t);\cdots;\boldsymbol{\eta}_{\mathrm{ref}}(t+\mathrm{Np}|t)]$。

式（4.18）中的 $\boldsymbol{P}_t$ 为常量，可将求解问题等价于二次规划问题，即

$$\min[\Delta\boldsymbol{U}_t^{\mathrm{T}}, \varepsilon]\boldsymbol{H}_t[\Delta\boldsymbol{U}_t^{\mathrm{T}}, \varepsilon]^{\mathrm{T}} + \boldsymbol{G}_t[\Delta\boldsymbol{U}_t^{\mathrm{T}}, \varepsilon]^{\mathrm{T}}$$

$$\mathrm{s.t.}\quad \Delta\boldsymbol{U}_{\min}(\mathrm{kk}_0) \leqslant \Delta\boldsymbol{U}_t(\mathrm{kk}_0) \leqslant \Delta\boldsymbol{U}_{\max}(\mathrm{kk}_0), \mathrm{kk}_0 = 1, \cdots, 3\mathrm{Nc}$$

$$\boldsymbol{Y}_{\min}(\mathrm{kk}_1) \leqslant \boldsymbol{Y}(\mathrm{kk}_1) \leqslant \boldsymbol{Y}_{\max}(\mathrm{kk}_1), \mathrm{kk}_1 = 1, \cdots, 11\mathrm{Np}$$

$$\boldsymbol{U}_{\min}(\mathrm{kk}_2) \leqslant \boldsymbol{u}(t-1|t)(\mathrm{kk}_2) + \Delta\boldsymbol{U}_t(\mathrm{kk}_2) \leqslant \boldsymbol{U}_{\max}(\mathrm{kk}_2), \mathrm{kk}_2 = 1, 2, 3$$

（4.19）

由于等效半车模型使用了优化得到控制序列的第一个控制向量，因此这里仅对第一个控制向量进行约束，即 $\boldsymbol{U}_{\min}(2:3,1) = [-1000, -1000]$，$\boldsymbol{U}_{\max}(2:3,1) = [1000, 1000]$，但对第一个控制向量的第一个元素不做约束。

本章将第一个控制量制动强度 z 作为干扰进行处理，可以通过约束限制实现这一操作，具体约束限制为

$$\begin{cases} \Delta\boldsymbol{U}_{\min}(3(j-1)+1) = [z(t) - z(t-1); \mathrm{zeros}(\mathrm{Nc}-1,1)] \\ \Delta\boldsymbol{U}_{\max}(3(j-1)+1) = [z(t) - z(t-1); \mathrm{zeros}(\mathrm{Nc}-1,1)] \end{cases}, \quad j = 1, \cdots, \mathrm{Nc}$$

（4.20）

式中，$z(t)$、$z(t-1)$ 分别为 t 时刻、$t-1$ 时刻的制动强度。

关于输出量，仅限制最后预测时域的前 4 个增广状态量，其余增广状态量不做限制，即

$$\begin{cases} \boldsymbol{Y}_{\min}(11(\mathrm{Np}-1)+1:11(\mathrm{Np}-1)+4,1) = \mathrm{zeros}(4,1) \\ \boldsymbol{Y}_{\max}(11(\mathrm{Np}-1)+1:11(\mathrm{Np}-1)+4,1) = \mathrm{zeros}(4,1) \end{cases}$$

（4.21）

4.3.2　模型预测控制系统稳定性证明

如果一个系统在受到扰动后偏离了原来的平衡状态，当扰动消失后，经过充分长的时间，该系统又能以一定的精度逐渐恢复到原来的状态，则称该系统是稳定的，否则称该系统是不稳定的。

系统稳定性的判别方法包括劳斯稳定性判据、赫尔维茨稳定性判据、奈奎斯特稳定性判据、由伯德图判断系统的稳定性、根轨迹法和李雅普诺夫稳定性方法。劳斯稳定性判据和赫尔维茨稳定性判据属于代数稳定性判据，适用于分析系统参数对稳定性的影响，其缺点是无法解决带延迟环节的系统稳定性判定。奈奎斯特稳定性判据根据闭环控制系统的开环频率响应判断闭环系统的稳定性，其本质是一种图解分析法，特点是应用方便，不仅能够解决代数稳定性判据所不能解决的问题，如含延迟环节的系统稳定性问题，还能

够定量指出系统的稳定储备，即系统的相对稳定性定量指标，进一步提高和改善系统动态性能。由伯德图判断系统的稳定性可以将幅值相乘转化为幅值相加，以便绘制由多个环节串联组成的系统对数频率特性图，也可以采用渐近线近似作图法绘制对数幅频图，这样做简单方便，能够有效扩展频率范围，尤其是低频段。根轨迹法是研究自动控制系统的有效方法，它已发展成为经典控制理论中最基本的方法之一，通过分析根轨迹在 S 平面的分布，可以判断闭环系统的稳定性。李雅普诺夫稳定性方法分为李雅普诺夫第一法和李雅普诺夫第二法。李雅普诺夫第一法通过求解系统微分方程，根据解的性质来判定系统的稳定性，其基本思路与经典控制理论一致。该方法能够解决线性定常和非线性定常系统的稳定性分析，但不能对时变系统进行分析，而且只能解决非线性程度不是很高的系统，通过将其线性化处理，取其近似的线性方程来判断稳定性。李雅普诺夫第二法则从能量观点进行稳定性分析，当一个系统被激励后，其储存的能量随着时间的推移逐渐衰减，达到平衡状态时，能量将变成最小值，那么这个平衡状态就是渐进稳定的；反之，如果系统不断从外界吸收能量，储能越来越大，那么这个平衡状态就是不稳定的；如果系统的储能既不增长也不消耗，那么这个平衡状态就是李雅普诺夫稳定性理论意义下的稳定。李雅普诺夫第二法可用于任意系统，运用该方法可以不必求解系统状态方程，而是直接判定稳定性。因为李雅普诺夫第二法需要寻找一个正定函数，并且该正定函数的导数须是负定的，才能判定系统的稳定性，所以使用该方法的难点是构造合适的正定函数，并且只能用该方法证明系统是稳定的，但不能证明系统是不稳定的。

模型预测控制系统的稳定性对控制效果具有重要影响，因此，证明模型预测控制系统的稳定性是必要的。这里采用李雅普诺夫第二法证明系统的稳定性[116]，构造李雅普诺夫函数 $V(x(t|t))$，即

$$
\begin{aligned}
V(x(t|t)) = \sum_{i=1}^{N_p} \| \eta(t+i|t) - \eta_{\text{ref}}(t+i|t) \|^2_{Q_{\text{mpc}}} + \\
\sum_{i=0}^{N_c-1} \| \Delta u(t+i|t) \|^2_{R_{\text{mpc}}} + \rho \varepsilon^2
\end{aligned}
\tag{4.22}
$$

结合 Q_{mpc} 矩阵及参考输出 $\eta_{\text{ref}}(t+i|t) \equiv \text{zeros}(4,1)$，可知 $V(x(t|t))$ 是正定的。目标函数［式（4.17）］始终有满足约束的最优解，在 k 时刻其优化得到的控制增量为 $\Delta U_t = [\Delta u(t|t); \Delta u(t+1|t); \cdots; \Delta u(t+N_c-1|t); \cdots; \Delta u(t+N_p-1|t)]$。

$t+1$ 采样时刻的李雅普诺夫函数 $V(x(t+1|t+1))$ 如下：

$$V(\boldsymbol{x}(t+1\,|\,t+1)) = \sum_{i=1}^{\text{Np}} |\,\boldsymbol{\eta}(t+1+i\,|\,t+1) - \boldsymbol{\eta}_{\text{ref}}(t+1+i\,|\,t+1)\,\|_{\boldsymbol{Q}_{\text{mpc}}}^2 +$$

$$\sum_{i=0}^{\text{Nc}-1} \|\,\Delta\boldsymbol{u}(t+1+i\,|\,t+1)_{\boldsymbol{R}_{\text{mpc}}}^2 + \rho\varepsilon^2 \tag{4.23}$$

在第 $k+1$ 时刻其优化得到的控制增量为 $\Delta\boldsymbol{U}_{t+1}=[\Delta\boldsymbol{u}(t+1|t+1);$ $\Delta\boldsymbol{u}(t+1|t+1);\cdots;\Delta\boldsymbol{u}(t+\text{Nc}|t+1)\,;\cdots;\Delta\boldsymbol{u}(t+\text{Np}|t+1)]$。

为了建立李雅普诺夫函数 $V(\boldsymbol{x}(t|t))$ 与 $V(\boldsymbol{x}(t+1|t+1))$ 之间的联系，构造中间函数 $\text{MV}(\boldsymbol{x}(t+1|t+1))$，该函数的控制增量为 $M\Delta\boldsymbol{U}_t=[\Delta\boldsymbol{u}(t+1|t);\Delta\boldsymbol{u}(t+2|t);\cdots;$ $\Delta\boldsymbol{u}(t+\text{Nc}-1|t);\cdots;\Delta\boldsymbol{u}(t+\text{Np}-1|t);\boldsymbol{0}_{3\times1}]$，该控制增量不是优化得到的，而是直接给定的，同时令 $\text{MV}(\boldsymbol{x}(t+1|t+1))$ 与式（4.23）中等号的右侧内容相等，于是有

$$V(\boldsymbol{x}(t+1\,|\,t+1)) \leqslant \text{MV}(\boldsymbol{x}(t+1\,|\,t+1)) \tag{4.24}$$

所以可得

$$V(\boldsymbol{x}(t+1\,|\,t+1)) - V(\boldsymbol{x}(t\,|\,t)) \leqslant \text{MV}(\boldsymbol{x}(t+1\,|\,t+1)) - V(\boldsymbol{x}(t\,|\,t)) \tag{4.25}$$

结合式（4.15）和式（4.25）可得

$$V(\boldsymbol{x}(t+1\,|\,t+1)) - V(\boldsymbol{x}(t\,|\,t)) \leqslant \|\,\boldsymbol{\eta}(t+\text{Np}\,|\,t)\,\|_{\boldsymbol{Q}_{\text{mpc}}}^2 - \|\,\boldsymbol{\eta}(t+1\,|\,t)\,\|_{\boldsymbol{Q}_{\text{mpc}}}^2 - \|\,\Delta\boldsymbol{u}(t\,|\,t)\,\|_{\boldsymbol{R}_{\text{mpc}}}^2 \tag{4.26}$$

结合式（4.19）、式（4.21）及 $\boldsymbol{Q}_{\text{mpc}}$ 矩阵，可得 $\|\,\boldsymbol{\eta}(t+\text{Np}\,|\,t)\,\|_{\boldsymbol{Q}_{\text{mpc}}}^2 = 0$，即

$$V(\boldsymbol{x}(t+1\,|\,t+1) - V(\boldsymbol{x}(t\,|\,t)) \leqslant - \|\,\boldsymbol{\eta}(t+1\,|\,t)\,\|_{\boldsymbol{Q}_{\text{mpc}}}^2 - \|\,\Delta\boldsymbol{u}(t\,|\,t)\,\|_{\boldsymbol{R}_{\text{mpc}}}^2 \leqslant 0 \tag{4.27}$$

由此可知模型预测控制系统是稳定的。

4.4　结果分析与讨论

通过仿真验证控制策略是进行控制策略开发的重要手段，本章通过仿真验证所提控制策略的有效性。本节首先讨论模型预测控制系统的鲁棒性，然后与双回路控制策略做对比，验证模型预测控制策略的优越性。本章采用的车辆悬架系统的主要参数见表 4.1。

表 4.1　车辆悬架系统的主要参数

项　　目	参　　数	取　　值
质量和惯量	二分之一车身质量/kg	846
	二分之一车身转动惯量/（kg·m^2）	1516
	前轮非簧载质量/kg	47
	后轮非簧载质量/kg	47

续表

项　目	参　数	取　值
刚度、阻尼和动挠度	前悬架刚度/（N/m）	21 000
	后悬架刚度/（N/m）	27 300
	前轮胎刚度/（N/m）	238 000
	后轮胎刚度/（N/m）	238 000
	前悬架阻尼/（N·s/m）	1861
	后悬架阻尼/（N·s/m）	1861
	前悬架最大动挠度/m	0.08
	后悬架最大动挠度/m	0.08
力	前悬架最大动作力/N	1500
	后悬架最大动作力/N	1500

　　本章所研究的控制的目的是在制动过程中使车辆的垂向运动尽快恢复稳定状态，设置的制动工况为渐变制动工况[111]。如图 4.4 所示，车辆的制动工况采用渐变形式，其最大制动强度为 0.5，车辆在高附着系数路面上行驶，其目的是保证车辆处于常规制动工况。

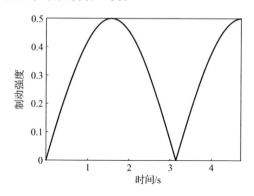

图 4.4　车辆的制动工况

4.4.1　模型预测控制系统鲁棒性分析

　　模型预测控制系统的稳定性和鲁棒性是研究的热点[117,118]。关于稳定性的研究已经在 4.3.2 节中讨论过，鲁棒性将在本节中进行讨论。模型预测控制系统的鲁棒性包括抗干扰能力和模型误差对系统性能的影响。

　　前、后车身的垂向速度是此次研究的控制目标，当这两个状态变量受到干扰时，对控制系统会有重要影响。因此，在渐变制动工况下，采用注入均值为零的高斯噪声来验证模型预测控制系统的抗干扰能力。车身垂向速度噪声的变化情况如图 4.5 所示。

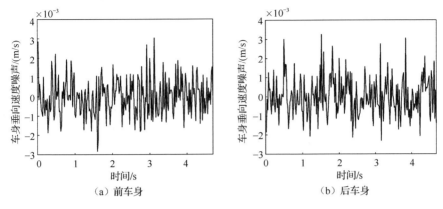

（a）前车身　　　　　　　　　　（b）后车身

图 4.5　车身垂向速度噪声的变化情况

　　噪声注入前后的车身垂向速度变化情况如图 4.6 所示。从图中可以看出，尽管注入噪声后的车身垂向速度变化与注入前的车身垂向速度变化不一致，但是注入噪声后的车身垂向速度在注入噪声前的车身垂向速度附近波动，这验证了模型预测控制系统具有一定的抗干扰能力。

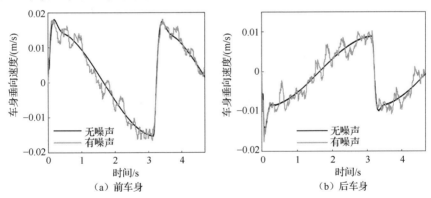

（a）前车身　　　　　　　　　　（b）后车身

图 4.6　噪声注入前后的车身垂向速度变化情况

　　需要注意的是，后车身垂向速度的振幅在 0.015m/s 左右（以后车身速度为例），而噪声的最大值为 0.0033m/s。也就是说，最大噪声（环境扰动程度）达到了实际车身垂向速度的 22% 左右，这证明了模型预测控制系统在如此严峻的环境中仍能正常工作。

　　刚度和阻尼是悬架系统的重要参数，因而可以在渐进制动条件下，通过改变等效半车模型中悬架系统的刚度和阻尼来讨论模型误差对系统性能的影响。这里需要说明的是，模型预测控制系统仍采用表 4.1 中提供的参数。悬架刚度失配的影响如图 4.7 所示。

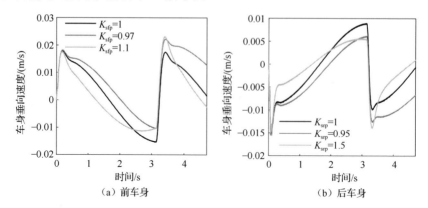

（a）前车身　　　　　　　　　　（b）后车身

图 4.7　悬架刚度失配的影响

因为前悬架刚度失配对车身垂向速度有明显影响，后悬架刚度失配对车身垂向速度有显著影响，所以选取前、后车身的垂向速度来反映悬架刚度失配的影响。图 4.7 中的 K_{sfp} 和 K_{srp} 为等效半车模型中的实际值与表 4.1 中相应参数的比值。从图 4.7 中可以看出，模型参数不一致时，仿真结果虽然不同，但其变化趋势是一致的，都在目标值（零）附近波动。具体而言，K_{sfp} 或 K_{srp} 小于 1 时，对控制效果的影响较大，尤其是前悬架刚度对控制效果的影响较大。

悬架阻尼失配的影响如图 4.8 所示。与刚度类似，也选取前、后车身的垂向速度来反映悬架阻尼失配的影响。图 4.8 中的 C_{sfp} 和 C_{srp} 是等效半车模型中的实际值与表 4.1 中相应参数的比值。与刚度参数相似，C_{sfp} 或 C_{srp} 小于 1 时，对控制效果的影响较大，尤其是前悬架阻尼对控制效果的影响显著。

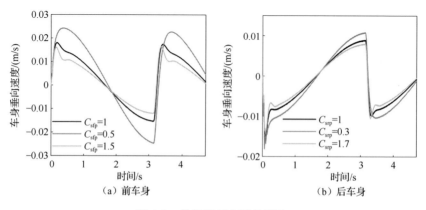

（a）前车身　　　　　　　　　　（b）后车身

图 4.8　悬架阻尼失配的影响

结合图 4.7 和图 4.8 可知，刚度参数对控制效果的影响较大，而模型预测控制系统对参数失配有一定的容忍能力。需要注意的是，在图 4.7 和图 4.8 中，系数 K_{sfp}、K_{srp}、C_{sfp} 和 C_{srp} 的调整都已达到模型误差的最大容忍度，这意味着这 4 个系数的幅度进一步增大会导致系统发散。

4.4.2　对比分析与讨论

　　本节分为两部分，第一部分介绍主动悬架对比控制策略（双回路控制策略），第二部分对两种策略进行比较分析与讨论。

1．双回路控制策略

　　汽车制动时的振动由两部分组成：非簧载质量引起的垂向运动和车辆质量惯性引起的振动，双回路控制针对这两种振动进行控制，其结构如图 4.9 所示。

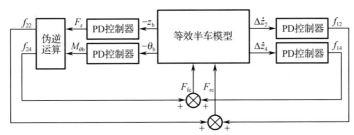

图 4.9　双回路控制结构

　　由于本章仅考虑车辆纵向制动过程，不考虑车身的侧倾变化，因此在进行双回路控制设计时，去除了有关车身侧倾部分的控制。对于由路面激励非簧载质量引起的振动，以减小主动悬架与车身连接点处的振动为控制目标，采用两个 PD 控制器得到对应的悬架控制力，即选择各车轮对应底盘-车身连接点的相对位移变化率 $\Delta \dot{z}_2 = \mathrm{d}z_2 - \mathrm{d}z_1$（前轮处）和 $\Delta \dot{z}_4 = \mathrm{d}z_4 - \mathrm{d}z_3$（后轮处）作为输入，输出等效悬架控制力($A_s$)$f_{12}$、$f_{14}$。对于由车辆质量惯性引起的振动，则以减小车身的垂直和俯仰运动为控制目标，仍然采用两个 PD 控制器，选择车身质心垂向位移 z_b 和俯仰角 θ_b 作为输入，得到其所对应的等效控制力 F_z 和力矩 $M_{\theta b}$。根据车身与悬架的动力学关系，可以得到 F_z、$M_{\theta b}$ 与悬架等效控制力(B_s)f_{22}、f_{24} 的关系，即

$$\begin{cases} F_z = f_{22} + f_{24} \\ M_{\theta b} = -L_f f_{22} + L_r f_{24} \end{cases} \tag{4.28}$$

将其写成矩阵形式:

$$\begin{bmatrix} F_z \\ M_{\theta b} \end{bmatrix} = A_H \begin{bmatrix} f_{22} \\ f_{24} \end{bmatrix} = \begin{bmatrix} 1 & 1 \\ -L_f & L_r \end{bmatrix} \begin{bmatrix} f_{22} \\ f_{24} \end{bmatrix} \tag{4.29}$$

对矩阵 A_H 求逆可得悬架等效控制力 f_{22} 和 f_{24} 与 F_z 和 $M_{\theta b}$ 的关系为

$$\begin{bmatrix} f_{22} \\ f_{24} \end{bmatrix} = \begin{bmatrix} \dfrac{L_r}{L_f + L_r} & -\dfrac{1}{L_f + L_r} \\ \dfrac{L_f}{L_f + L_r} & \dfrac{1}{L_f + L_r} \end{bmatrix} \begin{bmatrix} F_z \\ M_{\theta b} \end{bmatrix} \tag{4.30}$$

主动悬架总的控制力为等效悬架控制力 $(A_s)f_{12}$ 和 f_{14} 与等效悬架控制力 $(B_s)f_{22}$ 和 f_{24} 之和,即

$$\begin{bmatrix} f_{fc} \\ f_{rc} \end{bmatrix} = \begin{bmatrix} f_{22} \\ f_{24} \end{bmatrix} + \begin{bmatrix} f_{12} \\ f_{14} \end{bmatrix} \tag{4.31}$$

需要特别说明的是,双回路控制策略可以控制由路面激励非簧载质量引起的振动和车辆惯性引起的振动,但本章为了更确切地反映制动强度对车身运动的影响,忽略了路面激励对车辆振动的影响,即本章仅用双回路控制策略控制由车辆惯性引起的振动。

2. 比较分析与讨论

前文对双回路控制策略进行了简要介绍,下面将对本章提出的模型预测控制策略与双回路控制策略的仿真结果进行比较分析与讨论。

(1)车身垂向速度的变化会影响车辆的乘坐舒适性,不同控制策略的车身垂向速度变化情况如图 4.10 所示。

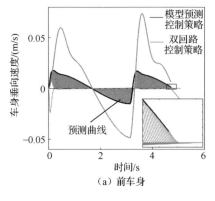

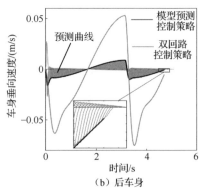

(a)前车身   (b)后车身

图 4.10　不同控制策略的车身垂向速度变化情况

图 4.10 中的预测曲线是指利用模型预测控制策略得到的预测曲线。如图 4.10（a）所示，模型预测控制策略和双回路控制策略的前车身最大垂向速度的绝对值分别为 0.0178m/s 和 0.0736m/s。与双回路控制策略相比，模型预测控制策略的前车身最大垂向速度的绝对值下降了 75.82%。如图 4.10（b）所示，模型预测控制策略和双回路控制策略的后车身最大垂直速度的绝对值分别为 0.0158m/s 和 0.0752m/s。与双回路控制策略相比，模型预测控制策略的后车身最大垂向速度的绝对值下降了 78.99%。根据图 4.10 所示的放大部分，预测曲线最终稳定在零值附近。

（2）车轮垂向速度的变化会影响车辆的乘坐舒适性，不同控制策略的车轮垂向速度变化情况如图 4.11 所示。从图中可以看出，上述两种控制策略的车轮垂向速度的变化情况基本相同，说明模型预测控制策略在车轮垂向速度变化不明显的情况下能够降低车身垂向速度。根据图 4.11 所示的放大部分，车轮垂向速度预测曲线（与图 4.10 中的预测曲线含义相似）的最终值趋近于零，这也验证了模型预测控制系统的稳定性。

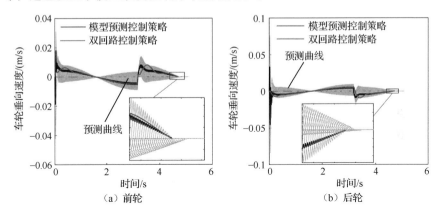

图 4.11 不同控制策略的车轮垂向速度变化情况

当悬架的动挠度超过规定值时，车身会撞击限位块，导致车辆的乘坐舒适性变差，因而有必要观察悬架的动挠度变化。不同控制策略的悬架动挠度变化情况如图 4.12 所示。

如图 4.12（a）所示，模型预测控制策略和双回路控制策略的前悬架最大动挠度的绝对值分别为 0.0112m 和 0.0441m。与双回路控制策略相比，模型预测控制策略的前悬架最大动挠度的绝对值降低了 74.60%。如图 4.12（b）所示，模型预测控制策略和双回路控制策略的后悬架最大动挠度的绝对值分别为 0.0050m 和 0.0483m。与双回路控制策略相比，模型预测控制策略的后悬架最大动挠度的绝对值降低了 89.65%。由图 4.12 可知，模型预测控制策略在大多数情况降低了悬架的动挠度。

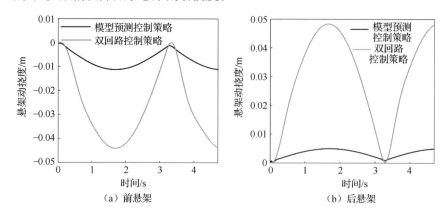

（a）前悬架　　　　　　　　　　（b）后悬架

图 4.12　不同控制策略的悬架动挠度变化情况

（3）车身俯仰角的变化会影响驾驶人的视野，不同控制策略的车身俯仰角和俯仰角速度变化情况如图 4.13 所示。

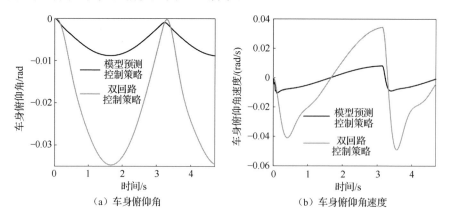

（a）车身俯仰角　　　　　　　　　（b）车身俯仰角速度

图 4.13　不同控制策略的车身俯仰角和俯仰角速度变化情况

如图 4.13（a）所示，模型预测控制策略和双回路控制策略的最大车身俯仰角的绝对值分别为 0.0088rad 和 0.0347rad。与双回路控制策略相比，模型预测控制策略的最大车身俯仰角的绝对值下降了 74.64%。如图 4.13（b）所示，模型预测控制策略和双回路控制策略的最大车身俯仰角速度的绝对值分别为 0.0105rad/s 和 0.0490rad/s。与双回路控制策略相比，模型预测控制策略的最大车身俯仰角速度的绝对值下降了 78.57%。由图 4.13 可知，模型预测控制策略在大多数情况下降低了车身的俯仰角和俯仰角速度。

（4）车身的垂向运动也是影响车辆舒适性的重要因素。不同控制策略的车身质心速度和加速度变化情况如图 4.14 所示。如图 4.14（a）所示，模型预测控制策略和双回路控制策略的最大车身质心速度的绝对值分别为 0.0057m/s 和 0.0128m/s。与双回路控制策略相比，模型预测控制策略的最大车身质心速度的绝对值下降了 55.47%。如图 4.14（b）所示，在大多数情况下，模型预测控制策略的车身质心加速度的绝对值比双回路控制策略的小。

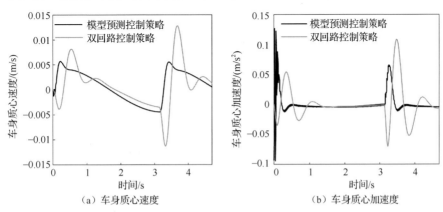

（a）车身质心速度　　　　　　（b）车身质心加速度

图 4.14　不同控制策略的车身质心速度和加速度变化情况

在主动悬架控制过程中，最大控制力不能超过最大动作力。不同控制策略的车辆悬架控制力变化情况如图 4.15 所示。

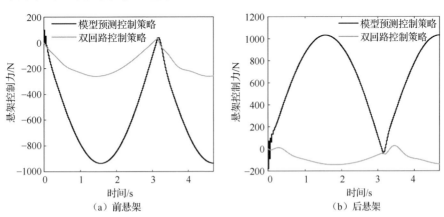

（a）前悬架　　　　　　　　　（b）后悬架

图 4.15　不同控制策略的车辆悬架控制力变化情况

如图 4.15 所示，在模型预测控制策略下，前、后悬架最大控制力的绝对值分别为 936N 和 1033N，不超过约束值（1500N）。结合图 4.4 和图 4.10 可知，为了减少制动强度所引起的车身垂向运动，模型预测控制策略需要更大的控制力。

均方根值（RMS）是衡量信号功率的重要指标。反映汽车舒适性的主要参数的 RMS 见表 4.2。其中，ω=[RMS（双回路控制策略）－RMS（模型预测控制策略）]/RMS（双回路控制策略）。

表 4.2　反映汽车舒适性的主要参数的 RMS

参　　数	类　　别		
	模型预测控制策略	双回路控制策略	ω
前车身垂向速度	0.0107/（m/s）	0.0358/（m/s）	0.7011
后车身垂向速度	0.0065/（m/s）	0.0385/（m/s）	0.8312
车身质心速度	0.0032/（m/s）	0.0044/（m/s）	0.2727
车身质心加速度	0.0163/（m/s²）	0.0282/（m/s²）	0.4220
车身俯仰角	0.0063/rad	0.0239/rad	0.7364
车身俯仰角速度	0.0058/（rad/s）	0.0251/（rad/s）	0.7689

由表 4.2 可以看出，模型预测控制策略的 RMS 均小于双回路控制策略的 RMS。与双回路控制策略相比，模型预测控制策略的前、后车身垂向速度及车身俯仰角和俯仰角速度的 RMS 均降低了 70%以上，进一步验证了模型预测控制策略能够提高整车的舒适性。

综上所述，在渐进制动工况下讨论了模型预测控制系统的鲁棒性，并对模型预测控制和双回路控制两种控制策略进行了仿真分析。从图 4.6 中可以看出，模型预测控制系统具有一定的抗干扰能力。图 4.7 和图 4.8 反映了参数失配对控制效果的影响，从而说明了模型预测控制系统对参数失配有一定的容错能力。图 4.9 给出了双回路控制结构。根据图 4.10 所示的车身垂向速度变化情况可知，在大多数情况下，模型预测控制策略的车身垂向速度的绝对值都要小于双回路控制策略，预测曲线最终稳定在零值附近。根据图 4.11 所示的车轮垂向速度变化情况可知，模型预测控制策略和双回路控制策略的车轮垂向速度变化基本相同，车轮垂向速度预测曲线的最终值也趋近于零。根据图 4.12 所示的车辆悬架动挠度变化情况可知，与双回路控制策略相比，模型预测控制策略的车辆悬架最大动挠度的绝对值下降了 74%以上。根据

图 4.13 所示的车身俯仰角和俯仰角速度变化情况可知，与双回路控制策略相比，模型预测控制策略的车身最大俯仰角和俯仰角速度的绝对值下降了 74.6%以上。根据图 4.14 所示的车身质心速度和加速度的变化情况可知，在多数情况下，模型预测控制策略的车身质心速度和加速度的绝对值均小于双回路控制策略。根据图 4.15 所示的车辆悬架控制力的变化情况可知，上述两种控制策略的悬架控制力均未超过规定值。表 4.2 给出了部分参数的均方根值，并对上述两策略进行了比较，验证了模型预测控制策略能够提高整车的舒适性。

4.5　小结

主动悬架控制技术是提高汽车乘坐舒适性的关键技术，因此本章的研究具有重要意义。目前，主动悬架控制研究主要集中于道路输入条件下的车辆舒适性，制动强度对车辆舒适性影响的研究相对较少。考虑制动强度对车辆制动过程中垂向运动的影响，建立了基于轮荷转移传递关系的等效半车模型。

采用二次优化方法，提出了以前轮、前车身、后轮和后车身垂向速度为控制目标的模型预测控制策略，用于抑制车辆的垂向运动。基于李雅普诺夫理论，证明了模型预测控制系统的稳定性。

通过仿真讨论了模型预测控制系统的鲁棒性，并在渐变制动工况下进行了模型预测控制策略与双回路控制策略的比较。其结果表明，模型预测控制系统具有一定的抗干扰能力和参数失配容错能力。通过模型预测控制策略得到的前、后车身垂向速度及车身俯仰角和俯仰角速度的均方根值均降低了 70%以上，提高了整车的舒适性。前轮、前车身、后轮、后车身的垂向速度预测曲线最终均稳定在零值附近，验证了模型预测控制系统的稳定性。

本章的研究表明，模型预测控制策略可以改善由制动强度引起的平顺性恶化，等效半车模型对车辆控制是有效的，但是该研究只考虑了制动强度对车辆平顺性的影响，在之后的研究中，还可以同时考虑制动强度和道路输入对车辆平顺性的影响。

第 5 章

四驱纯电动汽车纵-垂动力学综合控制

5.1 引言

　　车辆的纵向运动和垂向运动是相互耦合的，关于车辆纵-垂控制的研究则较少。本书的第 3 章对四驱纯电动汽车在常规制动工况下的纵向制动控制进行了研究，第 4 章对车辆的垂向运动进行了研究，但都集中于车辆的单方向控制上。本章基于第 3 章和第 4 章的研究，并进行相应的扩展，提出了一种四驱纯电动汽车纵-垂综合控制策略，目的是提高车辆的乘坐舒适性和能量回收效率。

　　本章首先建立制动工况下的纵-垂耦合动力学模型；其次，为了提高车辆的乘坐舒适性，采用模型预测控制对主动悬架进行控制；最后，为了提高车辆的能量回收效率，提出一种神经模糊优化框架对神经模糊控制策略进行训练，并采用神经模糊控制策略对四驱纯电动汽车的动力系统进行控制。为了验证纵-垂综合控制策略的优越性，设置双回路多阶段控制策略作为对比。

5.2 纵-垂耦合动力学模型

　　在对车辆的悬架系统和动力系统进行控制研究时，通常认为它们是不相关的。然而车辆纵-垂方向上实际是存在相互耦合现象的，因此，在研究车辆纵-垂综合控制时，需要建立车辆纵-垂耦合动力学模型。以制动工况为例，纵-垂制动耦合动力学模型包含纵-垂模型的变量交互，即纵向的制动强度影响车辆的垂向运动，车辆的垂向运动又影响车轮载荷变化，进而影响轮胎力的产生，轮胎力则作用于车辆的纵向运动。

5.2.1　系统交互

车辆的纵向运动和垂向运动是相互影响的。纵向运动和垂向运动相互作用的一个典型示例是车轮载荷与车辆的纵向运动有关[119]，并对车辆的纵向运动产生影响。纵向运动和垂向运动相互作用的另一个示例是车辆的制动强度改变了车身的垂向运动。车辆纵-垂交互示意图如图 5.1 所示（注意：本章仅考虑理想路面制动情况）。

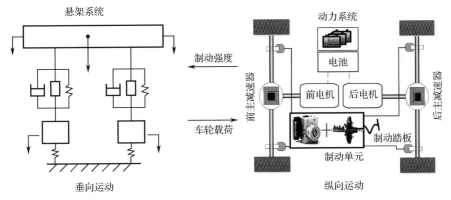

图 5.1　车辆纵-垂交互示意图

垂向运动是指悬架系统的运动，纵向运动是指由动力系统驱动/制动（或液压制动的情况）的车辆的水平运动。当车辆处于中高制动强度时，制动强度的变化对车身运动的影响较大。图 5.2（a）所示为恒制动强度（$z=0.5$）下，车身俯仰角（被动悬架）的变化；图 5.2（b）所示为车轮垂向载荷的变化。

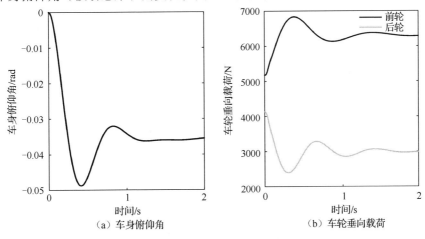

（a）车身俯仰角　　　　　　　（b）车轮垂向载荷

图 5.2　车身俯仰角和车轮垂向载荷的变化

从这两张图中可以看出，车身俯仰角和车轮垂向载荷均表现出不同程度的波动。因此，有必要建立纵向-垂向相互作用的模型。车辆纵向-垂向相互作用的模型由车辆的垂向运动模型和纵向运动模型组成。其中，垂向运动模型考虑了制动强度的影响，纵向运动模型考虑了车辆垂向运动对车轮载荷的影响。

5.2.2　四驱纯电动汽车垂向运动模型

四驱纯电动汽车采用主动悬架，而半车模型能够反映车辆的俯仰和垂向运动情况，于是选择四自由度半车模型来描述悬架系统。车辆的纵向运动引起车身的俯仰运动，而传统的四自由度半车模型没有考虑制动强度的影响，因此选用上一章中的等效半车模型［式（4.1）～式（4.7）］作为本章的垂向运动模型的基础，由于式（4.1）反映的是恒定制动强度工况下前、后轮载荷的变化情况，而本章需要考虑车辆垂向运动对车轮载荷的影响，可将式（4.1）替换为

$$\begin{cases} F_{zf} = GL_r/(2L) + K_{tf}z_1 \\ F_{zr} = GL_f/(2L) + K_{tr}z_3 \end{cases} \tag{5.1}$$

主动悬架控制力由 4 台相同的表面贴装直线电机（这里以一台直线电机为例）产生。当忽略线性端效应，不考虑磁路饱和，采用磁场定向控制（$i_d=0$，i_d 表示直轴电流）时，直线电机模型可以简化为[120]

$$\begin{cases} u_d = -L_m P v_{sus} i_q \\ R_m i_q + L_m \dfrac{di_q}{dt} = -k_e v_{sus} + u_q \\ F_{em} = k_i i_q \end{cases} \tag{5.2}$$

式中，u_d 为直轴电压；L_m 为交轴电感；P 为极对数目；v_{sus} 为直线电机两端的相对速度，这里有 $v_{sus}=\dot{z}_1-\dot{z}_2$（前悬架）或 $v_{sus}=\dot{z}_3-\dot{z}_4$（后悬架）；$i_q$ 为交轴电流；R_m 为电枢电阻；k_e 为反电磁力系数；u_q 为交轴电压；F_{em} 为电磁力，$F_{em}=F_{fc}$（前悬架）或 $F_{em}=F_{rc}$（后悬架）；k_i 为推力系数。

采用磁场定向控制时，直线电机的功率和能量可表示为

$$\begin{cases} P_{ele\_sus} = 1.5(u_d i_d + u_q i_q) \\ \qquad\quad = 1.5\left(k_e v_{sus} + R_m \dfrac{F_{em}}{k_i} + \dfrac{L_m dF_{em}}{k_i dt}\right)\dfrac{F_{em}}{k_i} \\ Q_{ele\_sus} = \displaystyle\int_0^{t_m} P_{ele\_sus} dt \end{cases} \tag{5.3}$$

式中，P_{ele_sus} 为直线电机的功率，当其值大于零时，直线电机处于能量消耗模式，当其值等于零时，直线电机不工作，否则，直线电机处于能量回收模式；Q_{ele_sus} 为直线电机的能量变化量；t_m 为车辆运行时间。

本章选择式（4.2）～式（4.7）及式（5.1）～式（5.3）作为四驱纯电动汽车的垂向运动模型。

5.2.3　四驱纯电动汽车纵向运动模型

采用主动悬架的四驱纯电动汽车的拓扑结构如图 5.3 所示。与传统的纵向运动模型相比，车轮载荷与轮胎的垂向运动有关，参见式（5.1）。与图 3.1 相比，采用主动悬架的四驱纯电动汽车的拓扑结构增加了悬架系统供电部分，即电池给悬架系统的直线电机供电。本章中的电机包括动力系统电机（前电机和后电机）和直线电机，除非另有说明，电机都指动力系统电机。本章中的纵向运动模型与第 3 章中的纵向运动模型相比，忽略了车辆制动过程中电机和液压系统的动态特性，由于增加了悬架系统供电部分，电池模型也发生了变化。也就是说，四驱纯电动汽车纵向运动模型除了包含式（3.1）、式（3.2）、式（3.19）、式（3.20）、式（3.29）及式（3.31）～式（3.34）、式（5.1）和图 3.3 中的电机数值模型，还包括发生变化的电池模型。

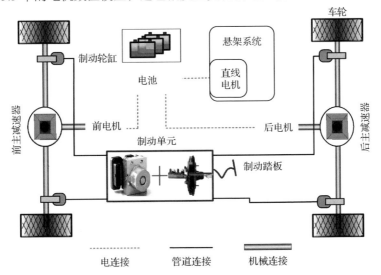

图 5.3　采用主动悬架的四驱纯电动汽车的拓扑结构

电池作为电动汽车的储能元件，在回收汽车制动能量方面具有重要的作用。电池模型采用常用的内阻模型，即

$$E = U + (I_p + I_{sus})r_b \tag{5.4}$$

式中，I_p 是动力系统工作引起的电流；I_{sus} 是悬架系统工作引起的电流。需要注意的是，第 3 章未考虑主动悬架工作对电池电流的影响，为了更为精确地研究主动悬架控制对能量消耗的影响，本章将悬架系统对电池能耗的影响考虑在内。

制动时，由动力系统充电获得的电池能量可表示为

$$\begin{cases} \left| P_b + 2\sum_{j=1}^{2} P_{ele\_sus\_j} \right| = |E(I_p + I_{sus})| + (I_p + I_{sus})^2 r_b \\ Q_{ps} = \int_0^{t_m} EI_p \mathrm{d}t \end{cases} \tag{5.5}$$

式中，$P_{ele\_sus\_j}$ (j=1,2)分别为前悬架直线电机功率和后悬架直线电机功率。

5.3　综合控制策略

提高车辆的乘坐舒适性和能量回收效率是四驱纯电动汽车纵向-垂向控制的两个重要目标，当前关于这方面的已知研究较少，因此有必要研究车辆的纵向-垂向控制。为了实现上述两个目标，本章提出了一种综合控制策略。该策略由以下两部分组成：①垂向采用模型预测控制策略（详见第 4 章），以提高车辆的乘坐舒适性；②纵向采用神经模糊控制策略，以提高能量回收效率。

5.3.1　神经模糊控制概述

1. 人工神经网络理论

人工神经系统的研究可以追溯到 1800 年 Frued 的精神分析学时期，那时他已经做了一些初步工作。1913 年出现了人工神经系统的第一个实践，即由 Russell 描述的水力装置。1943 年，美国心理学家 Warren MeCulloch 与数学家 Walter Pitts 合作，用逻辑的数学工具研究客观事件在形式神经网络中的描述，由此开创了神经网络的理论研究。他们在分析、总结神经元基本特性的基础上，首先提出了神经元的数学模型，简称 MP 模型。从脑科学研究来看，MP 模型可谓是第一个用数理语言描述脑的信息处理过程的模型。之后，MP 模型经过数学家的精心整理和抽象，最终发展成一种有限自动机理论，再一次展现了其价值。该模型沿用至今，直接影响了人工神经网络的研究进展。1949 年，心理学家 D.O. Hebb 提出关于人工神经网络学习机理的"突触修正

假设"，即突触联系效率可变的假设，现在多数学习机仍遵循这一学习规则。1957 年，Frank Rosenblat 首次提出并设计制作了知名的感知机（Perceptron），第一次从理论研究转入过程实现阶段，掀起了人工神经网络研究的高潮。

人工神经网络（Arificial Neural Network，ANN）作为一种机器学习技术，它具有自适应性、并行处理能力、鲁棒性、非线性关系处理能力等，这使得它在许多领域都得到了广泛的应用。例如，在图像处理中可以用它来识别图像中的物体和人脸，在自然语言处理中可以用它来识别语言的语义和情感，在预测中可以用它来预测天气等。与传统的模型相比，人工神经网络能够处理更复杂的问题，并具有更强的学习能力，从而在不断学习和优化中提高模型的性能。此外，它还具有可拓展性，可以通过增加、删除或修改神经元单元和连接关系来扩展模型的能力，因而适用于不同的场景。人工神经网络与其他传统方法相结合，将推动人工智能和信息处理技术的不断发展。近年来，人工神经网络正向着模拟人类认知的方向更深入地发展，并与模糊系统、遗传算法、进化机制等相结合形成计算智能，成为人工智能的一个重要方向，有望在实际应用中得到发展。

2. 人工神经网络的结构与工作过程

人工神经网络是由大量人工神经元广泛互连而成的，它可用来模拟脑神经系统的结构和功能。人工神经网络可以看作以人工神经元为节点，用有向加权弧连接的有向图。在该有向图中，人工神经元（以下在不易引起混淆的情况下，将人工神经元简称为神经元）就是对生物神经元的模拟，而有向加权弧则是对轴突-突触-树突对的模拟。有向加权弧的权值表示相互连接的两个人工神经元间相互作用的强弱。

人工神经网络是生物神经网络的一种模拟和近似，它主要从两方面进行模拟。一方面是从生理结构和实现机理方面进行模拟，它涉及生物学、生理学、心理学、物理及化学等诸多基础学科，因为生物神经网络的结构和机理相当复杂，所以距离完全认识它们还相差甚远；另一方面是从功能上进行模拟，即尽量使人工神经网络具有生物神经网络的某些功能特性，如学习、识别、控制等。这里仅讨论后者。从功能上看，人工神经网络［以下简称神经网络（NN）］根据连接方式主要分为前馈型网络和反馈型网络两类。

（1）前馈型网络。前馈型网络是整个神经网络体系中最常见的一种网络，其各个神经元接受前一级的输入，并输出到下一级，网络中没有反馈。

前馈型网络的节点分为两类，即输入单元和计算单元，每个计算单元可以有任意个输入，但是只有一个输出（它可耦合到任意多个其他节点作为输入）。同行前馈型网络可分为不同的层，第 i 层的输入只与第 $i-1$ 层的输出相连，输入和输出节点与外界相连，其他中间层则称为隐含层，该网络是一种强有力的学习系统，其结构简单且易于编程。从系统的观点看，前馈型网络是一静态非线性映射，通过简单非线性处理的复合映射可获得复杂的非线性处理能力。但从计算的观点看，前馈型网络并不是一种强有力的计算系统，不具备丰富的动力学行为。大部分前馈型网络是学习网络，并不注意系统的动力学行为，但其分类能力和模式识别能力一般强于其他类型的神经网络。

（2）反馈型网络。反馈型网络又称为递归网络（或回归网络）。在反馈型网络中，输入信号决定反馈系统的初始状态，反馈系统经过一系列的状态转移后，逐渐收敛于平衡状态，这种平衡状态就是反馈型网络计算输出的结果。由此可见，稳定性是反馈型网络中最重要的问题之一。如果能找到网络的 Lyapunov 函数，就能保证网络从任意的初始状态都能收敛到局部最小点。反馈型网络中的所有节点都是计算单元，同时也可接受输入，并向外输出，其中每个连接弧都是双向的。若总单元数为 n，则每个节点都有 $n-1$ 个输入和一个输出。

神经网络的工作过程主要可以分为下述两个阶段。

第一阶段是学习期，各计算单元状态不变，各连接弧上的权值可以通过学习来修改。通过向环境学习来获取知识并改进自身性能是神经网络的一个重要特点。在一般情况下，神经网络的学习方式有以下 3 种：

① 有监督学习（有教师学习）。该种学习方式需要外部存在一个"教师"，其可对一组给定输入提供应有的输出结果（正确答案），这组已知的输入/输出数据称为训练样本集，学习系统可以根据已知输出与实际输出之间的差值来调节系统的参数。当输入作用于网络时，网络的实际输出与目标输出进行比较，学习规则调整网络的权值和阈值以使网络的实际输出逐渐趋近于目标输出。

② 无监督学习（无教师学习）。无监督学习不存在外部"教师"，学习系统完全按照环境所提供数据的某些统计规律来调节自身参数或结构（这是一种自组织过程），以表示外部输入的某种固有特性。在无监督学习中，只根据网络的输入调整网络的权值和阈值，没有目标输出，看上去似乎行不通。

但实际上，大部分这种类型的算法都要完成某种聚类操作，学会将输入模式分为有限的几种类型。

③ 强化学习（再励学习）。强化学习介于上述两种方式之间，外部环境不是给出应有的输出结果，而是对系统的输出结果给出评价，学习系统通过强化受奖励的动作来改善自身的性能。强化学习与有监督学习类似，只是它不像有监督学习那样，每个输入都对应一个相应的目标输出，而是只给出一个评分，这个评分是对网络在某些输入序列上的性能测度。

第二阶段是工作期，各个连接弧固定，计算单元变化，从而达到某种稳定的状态。从作用效果看，前馈型网络主要是函数映射，其主要应用于模式识别和函数逼近。反馈型网络则可以按对能量函数的极小点的利用分为两类：一类是能量函数的所有极小点都能起作用，主要应用于各种联想存储器；另一类是只利用能量函数的全局极小点，主要应用于求解最优化问题。

3. 神经网络控制系统

神经网络控制系统采用自适应控制方法，它借助神经网络的非线性映射能力和自适应学习能力，对输入信号与输出信号的关系进行建模，并将模型作为控制器来实现自适应控制。该控制系统通常包括输入部分、控制器和输出部分。在神经网络控制系统中，输入部分将被控对象的输出信号与参考信号作为输入，控制器利用神经网络对输入信号进行处理并产生控制输出信号，输出部分将控制输出信号作为输入，控制对象的状态实现相应调整。也就是说，输入信号会被送入神经网络的输入层，经过隐藏层的处理，最终产生控制输出信号。同时，控制器通过反向传播算法来训练网络，调整神经元的权重和阈值，以使神经网络能够逐步学习控制对象的动态特性和控制要求，并产生适当的控制输出信号。

神经网络控制系统具有许多优点，如强大的非线性逼近能力、自适应学习能力和鲁棒性，能够应对各种复杂控制问题。此外，神经网络控制系统还适用于多变量系统和时变系统，并且不需要精确的数学模型。但是神经网络控制系统的实现需要经过训练和优化过程，通过训练神经网络，确定控制器的权重和结构，从而使系统的控制性能最大化。因此，在实际应用中，如何选择合理的神经网络结构设计和权值学习算法，成为神经网络控制系统研究和应用的关键问题。目前，神经网络控制系统已经成功应用于许多领域，如机器人控制、工业过程控制、电力系统控制等。

4．模糊逻辑理论

控制论的创始人罗伯特·维纳在谈到人胜过最完善的机器时提出：人具有运用模糊概念的能力。这清楚地指明了人脑与计算机之间的本质区别，人脑具有善于判断和处理模糊现象的能力。"模糊"是与"精确"相对的概念。模糊性普遍存在于人类的思维和语言交流中，是一种不确定性的表现。随机性则是客观存在的另一类不确定性。这两者虽然都属于不确定性，但存在本质的区别。模糊性主要是人对概念外延的主观理解上的不确定性。随机性则主要反映了客观上的自然的不确定性，即对事件或行为发生与否的不确定性。

模糊逻辑的核心思想是使用模糊集合来表达模糊概念，即将具有一定程度隶属关系的元素划分为一个模糊集合。在模糊逻辑中，命题的真值由模糊推理来计算，模糊推理则是基于模糊规则进行的，模糊规则是一种基于模糊概念的逻辑规则，通过使用模糊规则，模糊逻辑可以对模糊概念进行推理和决策，从而更好地应对现实世界中的模糊性和不确定性。

模糊逻辑和模糊数学虽然只有几十年的历史，但其理论和应用的研究已取得了丰富的成果。尤其是随着模糊逻辑在自动控制领域的成功应用，模糊控制理论和方法的研究引起了学术界和工业界的广泛关注。在模糊理论的研究方面，以 Zadeh 提出的分解定理和扩张原则为基础的模糊数学理论已有大量的成果问世。在模糊逻辑的应用方面，自从 1974 年英国的 Mardani 首次将模糊逻辑用于蒸汽机的控制后，模糊控制在工业过程控制、机器人、交通运输等方面得到了广泛且卓有成效的应用。与传统控制方法（如 PID 控制）相比，模糊控制利用人类专家控制经验，对于非线性、复杂对象的控制表现出鲁棒性好、控制性能高的优点。模糊逻辑的其他应用领域包括聚类分析故障诊断、专家系统和图像识别等。

5．模糊控制系统

模糊控制系统由模糊控制器和控制对象组成。模糊控制器的基本结构主要包括以下 4 个部分：

（1）模糊化。模糊化的作用是将输入的精确量转换为模糊量，其中输入量包括外界的参考输入、系统的输出或状态等。

（2）知识库。知识库包含具体应用领域中的知识和要求的控制目标，它通常由数据库和模糊控制规则库两部分组成。

（3）模糊推理。模糊推理是模糊控制器的核心，它具有模拟人的基于模糊概念的推理能力，其推理过程是基于模糊逻辑中的蕴含关系及推理规则进行的。

（4）清晰化。清晰化的作用是将模糊推理得到的控制量（模糊量）变换为实际用于控制的清晰量，它包含两部分，即将模糊的控制量经清晰化变换变成表示在论域范围的清晰量，以及将表示在论域范围的清晰量经尺度变换变成实际控制量。

实现一个实际的模糊控制系统需要解决 3 个问题：知识的表示、推理策略和知识的获取。知识的表示问题是指如何将语言规则用数值方式表示出来；推理策略问题是指如何根据当前的输入"条件"产生一个合理的"结果"；知识的获取问题是指如何获得一组恰当的规则。领域专家提供的知识往往是定性的，包含某种不确定性，因此知识的表示和推理必须是模糊的或近似的。近似推理理论正是为满足这种需求而提出的，近似推理可看作根据一些不精确的条件推导出一个精确结论的过程。许多学者对模糊表示近似推理进行了大量的研究，在近似推理算法中，使用最广泛的一种是关系矩阵模型，它基于 L. A. Zadeh 的合成推理规则，由 Mamdani 首次使用。由于规则可被解释成逻辑意义上的蕴含关系，大量的蕴含算子被提出并应用于实际中。

由此可见，模糊控制是以模糊集合论、模糊语言变量及模糊逻辑推理为基础的一种计算机控制。从线性控制与非线性控制的角度看，模糊控制是一种非线性控制。从控制器的智能性角度看，模糊控制属于智能控制的范畴，并且已成为当前实现智能控制的一种重要且有效的形式。

电动汽车的制动过程通常采用多阶段制动分配策略，这不利于能源的高效回收。为了进一步回收能量，本章采用通过神经模糊优化框架得到的神经模糊控制策略进行纵向制动控制。需要说明的是，本章仅考虑了常规制动的情形。

5.3.2　约束条件

车辆制动过程满足 ECE 法规要求，即满足式（3.46）～式（3.48）。车轮载荷与车辆垂向运动有关，因而需要将路面对车辆最大制动力矩的约束进行改写，即将式（3.45）改写为

$$\begin{cases} |T_{d1}| \leqslant F_{zf}\mu_0 r \\ |T_{d2}| \leqslant F_{zr}\mu_0 r \end{cases} \tag{5.6}$$

车辆传动系统的约束和电机最大转矩约束与式（3.49）和式（3.50）相同。

5.3.3　制动力分配

所需的制动力矩是制动控制的基础，本章忽略了风阻、滚动阻力并假设车辆在水平路面上制动。因此，由需求制动强度可以得到所需的制动力矩，即

$$\begin{cases} T_{req} = \delta m g z r \\ T_{req} \leq 2(F_{zf} + F_{zr})\mu_0 \end{cases} \tag{5.7}$$

式中，T_{req} 是车轮端所需的总制动力矩（N·m），其不等式反映了车辆垂向运动对纵向运动的约束。

制动力分配系数表示为

$$\begin{aligned} \beta &= \frac{T_{d1}}{T_{d1} + T_{d2}} \\ &= \frac{\dfrac{|T_{m1}|i_1\eta_1}{2} + T_{phf}}{\dfrac{|T_{m1}|i_1\eta_1}{2} + T_{phf} + \dfrac{|T_{m2}|i_2\eta_2}{2} + T_{phr}} \end{aligned} \tag{5.8}$$

在分配制动力时，考虑到 $\dfrac{T_{req}}{2} = T_{d1} + T_{d2}$，在满足约束条件时最大限度地使用电机制动力。不同条件下的电机制动力矩与轮缸制动压力的关系为

$$\begin{cases} T_{m1} = -\dfrac{\beta\delta m g z r}{i_1\eta_1}, \quad p_{w1}=0, \quad |T_{m1}| < T_{mfmax} \\[4mm] T_{m1} = -|T_{mfmax}|, \quad p_{w1} = \dfrac{4\left(\left|\dfrac{\beta\delta m g z r}{i_1\eta_1}\right| - |T_{mfmax}|\right)}{\pi D_f^2 R_f K_f}, \quad |T_{m1}| \geq |T_{mfmax}| \\[4mm] T_{m2} = -\dfrac{(1-\beta)\delta m g z r}{i_2\eta_2}, \quad p_{w2}=0, \quad |T_{m2}| < |T_{mrmax}| \\[4mm] T_{m2} = -|T_{mrmax}|, \quad p_{w2} = \dfrac{4\left(\left|\dfrac{(1-\beta)\delta m g z r}{i_2\eta_2}\right| - |T_{mrmax}|\right)}{\pi D_f^2 R_f K_f}, \quad |T_{m2}| \geq |T_{mrmax}| \end{cases} \tag{5.9}$$

5.3.4　目标函数

在选择目标函数之前，假设电池工作在线性区域内，即近似认为 SOC 与电池端电压和内阻无关。此外，直线电机需要从电池中获取能量，但这部

分能量不影响整车纵向力的优化。因此，在优化纵向制动力矩时，只考虑前、后电机转矩引起的电池能量变化。

目标函数对制动力分布有显著影响。本节选取单个采样周期的电池回收能量 Q_{ps} 作为目标函数，电机回收能量同第 3 章中的式（3.19）。

目标函数设置为一个采样周期内获得的能量回收数值最小，即

$$\begin{cases} |P_{b1}+P_{b2}| = |EI_b| + I_b^2 r_b \\ Q_{ps} = -\int_0^{T_{bs}} \left(\left| \dfrac{T_{m1}n_{m1}}{9550}\eta_{m1} + \dfrac{T_{m2}n_{m2}}{9550}\eta_{m2} \right| - I_b^2 r_b \right) dt \end{cases} \quad （5.10）$$

式中，T_{bs} 为纵向优化时的采样周期。

5.3.5　神经模糊优化框架

神经模糊优化框架如图 5.4 所示。定义 $\beta_{ra}=\beta_{max}-\beta_{min}$，其中，$\beta_{max}$ 和 β_{min} 分别为制动力分配系数 β 的上限和下限。令 $\boldsymbol{T}_i=[T_{m1i}, T_{m2i}, p_{w1i}, p_{w2i}]^T$，$i=1,2,3\cdots$；$N-1=\beta_{ra}/s_1$，$s_1$ 为 β 的变化步长。$\boldsymbol{T}_i$ 由制动强度 z 和式（3.20）、式（3.29）、式（3.34）、式（3.45）～式（3.50）和式（5.7）～式（5.9）确定，称为可行解向量（T_{m1i} 为可行前电机制动力矩，T_{m2i} 为可行后电机制动力矩，p_{w1i} 为可行前轮轮缸制动压力，p_{w2i} 为可行后轮轮缸制动压力）。令 $\boldsymbol{T}=[\boldsymbol{T}_1, \boldsymbol{T}_2, \cdots, \boldsymbol{T}_N]$ 为制动控制矩阵。神经模糊优化框架由两部分组成：虚线部分是数据生成部分，剩余部分是神经模糊训练部分。神经模糊训练部分的数据来自数据生成部分（w_1、w_2、z 和 β 分别储存在向量 $\boldsymbol{w}_1$、$\boldsymbol{w}_2$、$\boldsymbol{z}$ 和 $\boldsymbol{\beta}$ 中）。神经模糊训练部分采用 MATLAB 的神经模糊工具箱进行隶属函数训练，训练在数据生成完成后（目标条件模拟完成后）开始。训练完成的神经模糊数据被应用于四驱纯电动汽车的动力系统控制中，称为神经模糊控制策略。数据生成过程如下：第一步是由制动强度 z 及式（3.20）、式（3.29）、式（3.34）、式（3.45）～式（3.50）和式（5.7）～式（5.9）得到制动控制矩阵 $\boldsymbol{T}$；第二步是利用 $\boldsymbol{T}_i$（i 从 1 开始）与式（3.20）和式（5.10），结合 w_1、w_2，计算目标函数 Q_{psi}（指当前阶段能量回收量）；第三步是判断 i 是否 $\geqslant N$，如果 $i\geqslant N$，则输出使 Q_{psi} 最小的最佳制动力分配系数 β（此时能量回收量最大），否则，返回第二步重新开始。

训练后的隶属度函数如图 5.5 所示，图中的模糊规则为 S、MS、M、ML、L，分别表示小、中小、中、中大、大。

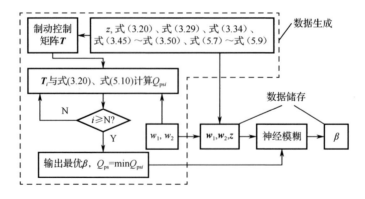

图 5.4　神经模糊优化框架

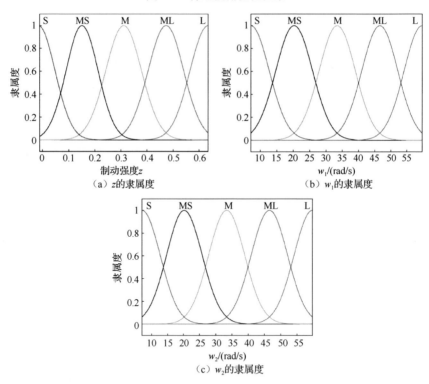

图 5.5　训练后的隶属度函数

5.3.6　综合控制框架

综合控制框图如图 5.6 所示。具体而言，综合控制策略包括模型预测控制策略和神经模糊控制策略。神经模糊控制先根据制动工况得到制动强度 z，并输出制动力分配系数 β，再结合式（5.9）得到控制参数 T_{m1}、T_{m2}、p_{w1} 和

p_{w2}，确保车辆进行制动。纵-垂交互模型将 w_1 和 w_2 传回神经模糊控制，并将 $\dot{z}_1$、$\dot{z}_2$、$\dot{z}_3$、$\dot{z}_4$、z_1、z_2、z_3 和 z_4 传至模型预测控制，模型预测控制结合制动强度 z 进行最优计算，将得到的最优控制力 F_{fc} 和 F_{rc} 输出至悬架系统，用于抑制悬架垂向运动。

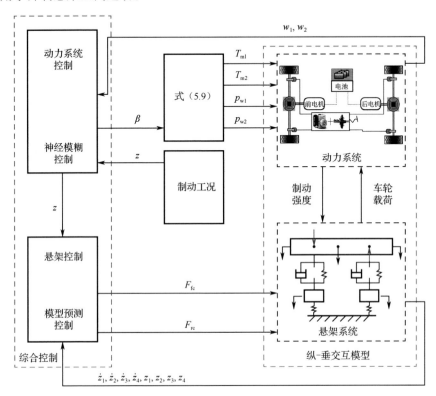

图 5.6　综合控制框图

　　需要特别说明的是，从模型的角度讲，建立纵-垂交互模型考虑了制动强度对车身垂向运动的影响，即纵向运动对垂向运动的影响，同时也将车轮垂向运动对车轮载荷的影响考虑在内，车轮载荷对轮胎力的产生有影响，进而影响车辆的纵向运动，即该模型考虑了车辆纵-垂运动的相互影响。从控制的角度讲，模型预测控制将制动强度考虑在内，本身就考虑了车辆纵向运动对垂向运动的影响；神经模糊控制数据通过训练获得，训练过程考虑了车辆垂向运动对纵向运动的影响（指纵-垂耦合动力学模型）。

5.4　仿真验证与分析

由于有关车辆纵-垂综合控制的已知文献不多，为了验证综合控制策略的优越性，这里采用悬架系统独立控制和车辆纵向运动独立控制的策略作为对比策略，即采用文献[119]中的双回路控制策略（在4.4.2节中已做过介绍）对悬架系统进行控制，采用常用的多阶段制动力分配策略（在3.4.1节中已做过介绍）进行车辆纵向运动控制。该对比策略就称为双回路多阶段控制策略。

在对车辆的纵-垂综合控制模型进行仿真前，需要先进行参数设置，即将初始车速设为80km/h，将SOC初始值设为0.5，将路面附着系数设为0.8，车辆主要技术参数同第3章和第4章。

仿真工况设置为组合制动工况（目标工况），包括渐进制动工况[111]和恒定制动工况，如图5.7中的 z 所示。制动过程中车速的变化如图5.7中的 v_x 所示。由图5.7可见，随着 z 的增大，车辆减速加快。

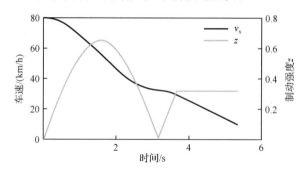

图 5.7　制动强度和车速的变化

电机转矩的变化如图5.8所示。从该图中可以看出，在两种控制策略（综合控制策略和双回路多阶段控制策略，下文同理）下，前电机转矩均达到车辆约束转矩且未超过约束值，后电机转矩均未达到车辆约束转矩。在综合控制策略下，后电机转矩的绝对值相对较大。

电机效率的变化如图5.9所示。从该图中可以看出，在综合控制策略下，前、后电机的效率并不总是达到最大值的，后电机效率通常高于双回路多阶段控制策略。电机效率为零代表电机关闭。

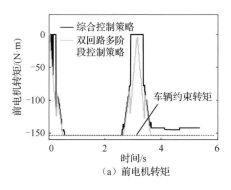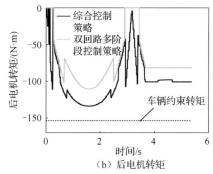

图 5.8　电机转矩的变化

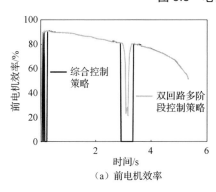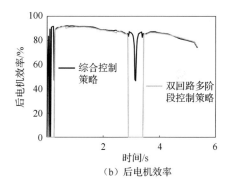

图 5.9　电机效率的变化

前轮轮缸制动压力的变化如图 5.10 所示。从该图中可以看出，综合控制策略的前轮轮缸制动压力始终低于双回路多阶段控制策略的前轮轮缸制动压力。在两种控制策略下，后轮轮缸制动压力始终为零，因而不再绘图说明。结合图 5.7、图 5.8、图 5.10 可知，在两种控制策略下，当制动强度达到一定程度后，前电机转矩达到车辆约束转矩，此时，多余的制动力由液压（机械制动）提供。

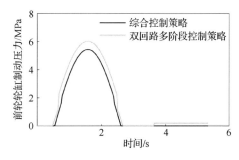

图 5.10　前轮轮缸制动压力的变化

电池效率的变化如图 5.11 所示。从该图中可以看出，双回路多阶段控制策略的电池效率始终高于综合控制策略的电池效率。动力系统总效率（包括电机、电池和主减速器的效率）的变化如图 5.12 所示。从该图中可以看出，综合控制策略的动力系统总效率始终高于双回路多阶段控制策略的动力系统总效率。图 5.9、图 5.11 和图 5.12 表明，当动力系统总效率达到最大值时，并非所有组件都能达到最大效率。

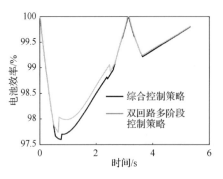

图 5.11　电池效率的变化　　　图 5.12　动力系统总效率的变化

电池 SOC 的变化如图 5.13 所示。从该图中可以看出，综合控制策略的电池 SOC 始终高于双回路多阶段控制策略的电池 SOC，前者和后者的最终值分别为 50.107% 和 50.099%。主要部件的有效能量变化如图 5.14 所示。从该图中可以看出，综合控制策略的电池最终能量回收量为 288.52kJ，双回路多阶段控制策略的电池最终能量回收量为 266.33kJ，与后者相比，前者的最终能量回收量提高了 8.33%。

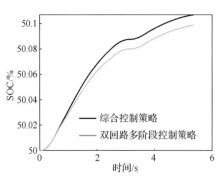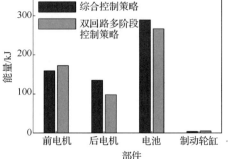

图 5.13　电池 SOC 的变化　　　图 5.14　主要部件的有效能量变化

车轮垂向速度变化如图 5.15 所示。从该图中可以看出，两种控制策略的车轮垂向速度差别不大。最终，综合控制策略的变化曲线与预测曲线一致（预测曲线通过综合控制策略得到）。而在恒定制动强度阶段（3.7s 后），综合控制策略的车轮垂向速度迅速达到稳定状态。

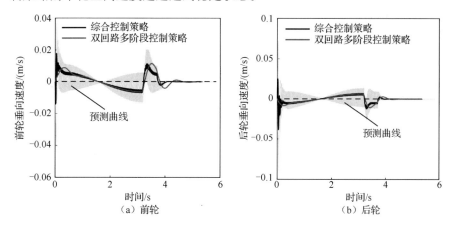

图 5.15　车轮垂向速度变化

车身垂向速度变化如图 5.16 所示。从该图中可以看出，与双回路多阶段控制策略相比，综合控制策略的前、后车身的最大垂向速度分别降低了 69.5% 和 72.37%。与车轮垂向速度变化类似，在恒定制动强度阶段，综合控制策略的前、后车身垂向速度迅速达到目标值。

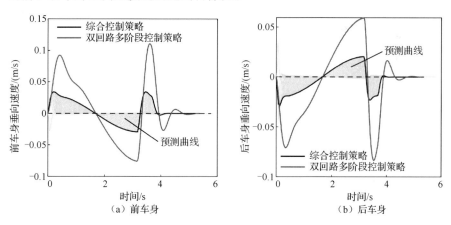

图 5.16　车身垂向速度变化

悬架动挠度变化如图 5.17 所示。从该图中可以看出，与双回路多阶段控制策略相比，综合控制策略的前、后悬架动挠度分别降低了 65.35% 和 70.68%。同样，在恒定制动强度阶段，综合控制策略的悬架动挠度迅速达到一个稳定值。

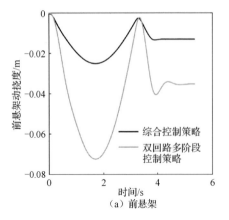
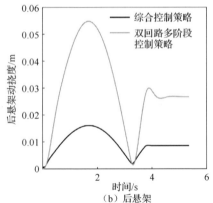

图 5.17　悬架动挠度变化

车身质心的速度和加速度分别如图 5.18（a）和图 5.18（b）所示。从图 5.18 中可以看出，与双回路多阶段控制策略相比，综合控制策略的车身质心最大速度和最大加速度分别降低了 65.37%和 24.33%。同样，在恒定制动强度阶段，车身质心运动在综合控制策略下迅速达到稳定状态。

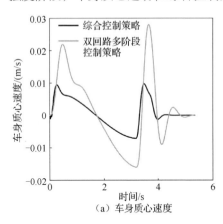
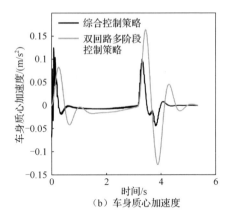

图 5.18　车身质心运动

图 5.19 所示为悬架控制力的变化。从该图中可以看出，前、后悬架最大控制力的绝对值分别为 995N 和 1078N，均未超过约束值 1500N，在较长时间内，综合控制策略的悬架控制力大于双回路多阶段控制策略的悬架控制力。

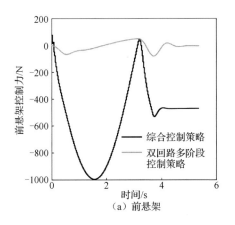
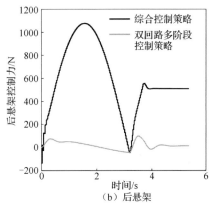

图 5.19　悬架控制力的变化

悬架控制力通过直线电机产生，直线电机同时消耗电池能量。不同控制策略的直线电机能耗见表 5.1。

表 5.1　不同控制策略的直线电机能耗

控 制 策 略	前悬架/J	后悬架/J
综合控制策略	280.9	278.9
双回路多阶段控制策略	77.4	62.9

结合图 5.14、图 5.19 和表 5.1 可以看出，由于综合控制策略增加了直线电机的控制力，直线电机会消耗更多的能量，但直线电机多消耗的能量与电池增加的能量之比仅为 1.89%，这说明直线电机多消耗的能量相对于电池增加的能量是非常小的。总体来说，综合控制策略增加了电池能量的回收量。

综上所述，图 5.7 显示了制动强度和车速的变化情况。电机转矩和效率的变化分别如图 5.8 和图 5.9 所示。图 5.10 显示了前轮轮缸制动压力的变化情况。由图 5.7 和图 5.8 可知，当制动强度达到一定值后，前电机转矩达到车辆约束转矩。电池效率和动力系统总效率的变化分别如图 5.11 和图 5.12 所示。图 5.8、图 5.9、图 5.11 和图 5.12 表明，当动力系统总效率达到最大时，所有部件并没有同时达到最大效率。图 5.13 和图 5.14 分别显示了电池 SOC 和主要部件有效能量的变化情况，证实了综合控制策略可以回收更多的能量。图 5.15 和图 5.16 分别显示了车轮和车身的垂向速度的变化情况，表明当车轮运动变化不大时，综合控制策略可以显著降低车身的垂向速度。图 5.17 显示了悬架动挠度的变化情况，表明在两种控制策略下，悬架的动挠度都没有超过规定值。图 5.18 显示了车身质心的运动情况，表明综合控制策略可以减少车身质心运动。图 5.19 显示了悬架控制力的变化情况，表明两种控制策略的悬架控制力均未超过约束值。表 5.1 给出了不同控制策略的直线电机能耗情况，结合图 5.14 和图 5.19 可知，虽然综合控制策略增加了直线电机的能耗，但远不及增加的电池能量回收量。

5.5　小结

能量回收效率和乘坐舒适性是电动汽车的重要性能指标。为了获得更好的能量回收效果和乘坐舒适性，本章建立了包含制动强度对车辆垂向运动和垂向运动对车轮载荷影响的车辆纵-垂耦合动力学模型。

在车辆纵-垂耦合动力学模型的基础上，本章提出采用模型预测控制策略控制车辆的垂向运动与采用神经模糊控制策略控制车辆的纵向运动相结合的综合控制策略。为了获得神经模糊控制策略，又提出了一种神经模糊优化框架。

采用双回路多阶段控制策略作为综合控制策略的对比策略。组合制动工况下的仿真结果表明，综合控制策略能够跟踪车身垂向运动目标，显著降低主要垂向运动指标。在恒定制动强度阶段，前、后车身的垂向速度可以快速达到目标值。与双回路多阶段控制策略相比，综合控制策略的电池能量回收量提高了 8.33%。

当动力系统的总效率达到最大时，并非所有部件都能达到最大效率。本研究为车辆纵-垂优化控制提供了新思路。

第 6 章

电液复合制动试验研究

6.1　引言

本书的第 2 章对四驱纯电动汽车的动力系统和车辆整备质量等参数进行优化设计，第 3 章对车辆纵向制动控制策略进行研究，第 4 章对主动悬架控制策略进行研究，第 5 章对车辆纵-垂综合控制策略进行研究。本章主要对上述控制策略的部分仿真结果进行台架试验验证（包括对比控制策略）。

本章中的试验方案是基于电液复合制动试验台制定的。采用该试验台首先需要标定制动轮缸压力（以下简称轮缸压力）与占空比的关系，然后对耦合器阻力矩进行测试，最后验证部分控制策略的仿真结果。

6.2　台架试验

6.2.1　试验方案

试验方案是进行台架试验的基础，受限于试验条件，本章制定的试验方案采用电液复合制动试验台中有关电机和轮缸的部分作为试验用台架，而电液复合制动试验台中的液压储能系统不在试验方案范围内，因此不对其进行介绍。台架实物如图 6.1 所示。

台架试验部件主要包括电机、电机控制器、变速器、耦合器、转速转矩传感器、制动系统（包括制动器和液压制动系统）、飞轮和测功机。其中，电机由电源柜供电，电机控制器接受整车控制器（这里为 D2P 控制器）发送的转矩/转速指令以控制电机。转速转矩传感器装在转矩耦合装置和制动器之间。耦合器内部为单对齿轮啮合，一根轴与变速器和制动器相连，另一根轴与泵和马达相连（属于液压储能系统），泵和马达用于其他试验，与本章实施的试验无关，这里不做介绍。制动器由液压制动系统控制，液压制动系统实物如图 6.2 所示。

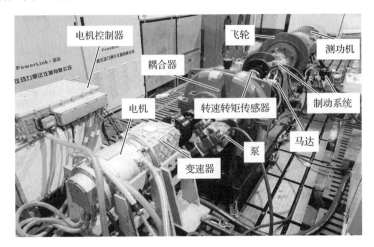

图 6.1　台架实物

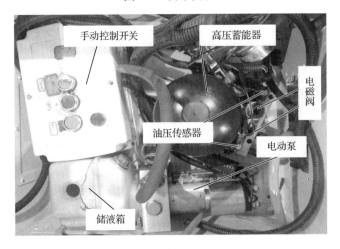

图 6.2　液压制动系统实物

液压制动系统包括储液箱、电动泵、电磁阀（统称）、油压传感器、高压蓄能器及手动控制开关等。其中，比例减压阀由脉宽调制（PWM）信号控制，通过该阀可以实现油压连续控制。此外，诸如单向阀等部件因集成于系统内部，无法从系统外部看到。液压制动系统主要部件的参数见表 6.1。

表 6.1　液压制动系统主要部件的参数

项　　目	主　要　参　数
单向阀	—
比例减压阀	调定压力：（0.1～1.2）MPa
溢流阀	调定压力：（2～4）MPa
卸荷阀	直流 12V，锥阀结构
油压传感器	工作范围：0～6MPa
高压蓄能器	初始充气压力：1MPa

比例减压阀是液压制动系统的关键组成，这里采用的型号为 HLDCF—60，其主要参数见表 6.2。

表 6.2　比例减压阀的主要参数

项　　目	参　　数
工作电压	直流 12V
最大工作压力	6MPa
线圈电阻	2.5Ω
响应时间	<20ms
泄漏量	<20mL/min
使用寿命	≥1 000 000 次

液压制动系统由调理驱动板控制，其实物如图 6.3 所示。

图 6.3　调理驱动板实物

调理驱动板包括 4 路温度采集（适用于热电阻传感器）、8 路模拟信号采集（适用于压力传感器）、8 路开关信号采集、4 路频率（转速）信号采集及 6 路电磁阀驱动（适用于比例减压阀等）。在设置 PWM 信号时，将电磁阀信号类型设置为 PWM*95%。需要特别注意的是，A 侧为调理驱动板输出侧，B 侧为控制信号输入侧，两侧引脚一一对应，即 B 侧引脚 1 控制 A 侧引脚 1，以此类推。

电机及其控制器实物如图 6.4 所示，它们之间通过屏蔽线连接，只有连接正确才能正常工作。从图 6.4 中的放大部分可以看到电机接口和电机控制器接口的具体情况。

（a）电机　　　　　　　　　　　　　　（b）电机控制器

图 6.4　电机及其控制器实物

电机信号接口图如图 6.5 所示。

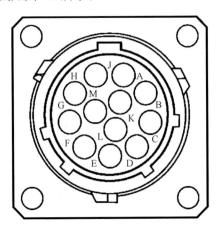

图 6.5　电机信号接口图

电机信号接口脚号共定义了 12 路信号，包括 6 路旋变信号、4 路热敏电阻信号和两路编码器接地信号。电机控制器接口采用标准插接件，其插座型号为 AMP776231-1，插头型号为 AMP776164-1。电机控制器接口包括主驱 12V+、主驱 12V−、预充接触器线圈正极、快充接触器线圈正极、主正接触线圈正极、GND（接地）、主驱电机温度检测、总正接触器线圈正极、屏蔽线接地（PE）及旋变信号等。需要特别注意的是，所有接触器都受控于外部控制信号，并且都是高电平有效，所有接触器控制线圈共用负极。电机接口所有旋变信号须与电机控制器对应信号全部联通，编码器接地信号全部接地，热敏电阻信号接两路即可。此外，本试验通过 CAN2 通道对电机进行控制。

　　本章实施的试验采用 D2P 控制器作为试验控制器，该控制器由意昂科技自主开发，基于成熟的硬件平台和综合生产技术，实现研发生产一体化，能够有效解决电控单元（ECU）开发与产业化难题。D2P 控制器具备成熟的电控单元硬件平台、控制策略开发环境、软件自动代码生成技术及 HIL（在线仿真测试平台）在环测试水平等条件，可以实现控制器开发生产一体化，并降低控制器的研发成本，大大缩短研发周期。该控制器基于 MATLAB/Simulink/Stateflow 开发环境，支持 32 位/16 位处理器及内嵌的操作系统 Control Core，其接口功能模块广泛适用于汽车级硬件，能够方便快速地将开发环境代码等与其他硬件相互移植，并支持代码自动生成，同时输出标准*.A2L 类型文件。此外，控制器封装还自带标定和刷写工具，可以节省使用时间，并支持与其他软件协同操作，从而满足不同类型的试验。D2P 控制器具备诸多优势，如开发流程简单快速，算法具有可移植性、可复制性，控制系统监测整体系统状态，可直观评价模型算法以便于交流设计理念，设备响应灵敏，适用范围广泛，以及成本较低等。

　　下面通过与同类控制器进行多方面对比，说明本章实施的试验选用 D2P 控制器的理由。通过与 MicroAutoBox 和 STW 等主流控制器进行同类对比，最终决定选用 D2P 控制器，对比内容主要包括控制器芯片、操作系统、编译环境、标定和下载工具、开发周期及性价比等方面。对比结果表明，在控制器芯片方面，D2P 控制器使用的嵌入式芯片 MPC 是基于 PowerPC 内核的，能够支持 32 位/16 位处理器；MicroAutoBox 控制器使用 IBM PPC 750FX 芯片，只能支持 32 位处理器；STW 控制器使用 C167 芯片，在本地市场暂无 32 位 STW 控制器售卖。在操作系统方面，D2P 控制器使用基于 Motorola 操作系统二次开发的 Control Core 操作系统；MicroAutoBox 控制器仅使用内嵌的操作系统；STW 控制器使用 CoDeSys 操作系统。在编译环境方面，D2P 控制器基于 GreenHill 的 RTW 编译环境，能够在不需要手动编译下一键自动生成代码，并可直接下载储存于控制器中；MicroAutoBox 控制器基于 RTW 编译环境与其他编译硬件相结合，直接生成代码下载存储于控制器中；STW 控制器基于 RTW 编译环境与编译硬件 Tasking EDE 相结合，只能手动编辑底层驱动代码和设置相关编译器参数。在标定和下载工具方面，D2P 控制器的下载环境基于 Mototune 软件和 Vector CAN 接口，适配多种标定工具（INCA、VISION、Mototune、CANap 和 CALDESK 等）；MicroAutoBox 控制器只适配硬件专用接口 ControlDesk 标定工具，对接其他软件操作复杂；STW 控制器的标定和下载软件仅适配 Winflash 和 PEAK。在开发周期方面，D2P 控制器与 MicroAutoBox 控制器的编译环境支持代码自动生成，无须手写代码，能够提高开发效率、缩短开发周期；STW 控制器只支持手动编写代码，代码运行也不稳定，需要经过多次单元测试，导致开发周期变长。在性价比方面，D2P 控制器的量产成本仅为其开发成本的一半，用户可根据适用需求选购开发产品或量产产品；MicroAutoBox 控制器只适用于理论研究阶段，暂时不支持量产；STW 控制器的量产成本较高，导致其性价比较低。

D2P 128PIN 开发系统是基于 MATLAB/Simulink 开发环境和控制系统研发的软硬件一体化平台，它主要由建模软件、标定软件、编译软件及其他附件组成。建模软件 D2P-MotoHawk 是一款电控单元快速开发生产平台，集成 Control Core 操作系统和 MATLAB/Simulink/Stateflow 的图形化语言平台，并将有关底层软件、监测和标定变量接口、管理接口等封装成底层软件模型库，以供使用者自由调取使用。标定软件 D2P-MotoTune 用于试验参数的标定、程序刷写及功能验证，其目的是使用户能够通过 CAN 总线获取控制器中 RAM 和 ROM 的主要数据，并实现对变量的动态监测、准确记录和显示，以及在线标定等功能。编译软件 GreenHill 基于 RTW 编译环境，能够实现一键式代码自动生成，无须传统手动编译操作，自动生成的.stz 代码文件也可直接下载应用于 D2P 控制器中。D2P 控制器依靠自身软硬件的优势，广泛应用于多学科的研究领域中，如混合动力控制系统、动力电池管理系统、燃料电池管理系统、驱动电机控制系统、液压部件的控制系统、发动机电控系统、自动电子变速器、天然气/液化气发动机控制系统及底盘电控系统。

上述内容是对本章所用的台架试验部件及相关重要部件的性能特点的简要介绍，主要台架试验部件的参数见表 6.3。

表 6.3　主要台架试验部件的参数

部　　件	参　　数	取值/数量
电机	峰值功率/kW	107
	额定功率/kW	50
变速器	传动比	1～3.81
电机控制器	—	—
转速转矩传感器	转矩量程/（N·m）	1000
飞轮	惯量/（kg·m²）	≈15.02
测功机	电机类型	三相异步
	额定转矩/（N·m）	288
耦合器	—	1 个
笔记本计算机	—	2 台
D2P 控制器	—	1 个

6.2.2　试验原理

在进行台架试验前，需要分析台架的工作原理，台架工作原理示意图如图 6.6 所示。本章试验使用的台架采用 D2P 控制器作为试验控制器，它由硬件和软件两部分组成。硬件部分主要包括多个重要模块，如电源模块、主 CPU 模块、I/O 模块和监控 CPU 模块等；软件部分主要涉及分层控制，包括上层控制策略软件及底层软件。D2P 控制器的上层控制策略软件的代码规模差别较大，对于不同的应用，其功能也不同；底层软件主要包括 CPU 中安装的操作系统、I/O 驱动软件、CAN 通信协议、诊断（Diagnostics）和 CCP 协议等，所有底层软件与控制器硬件和上层控制策略软件相连。制动系统由液压制动系统和摩擦制动器组成，笔记本计算机 A 充当 D2P 控制器的上位机，笔记本计算机 B 用于记录并显示转速转矩传感器的信号。D2P 控制器发出 PWM 信号等，经过调理驱动板放大后控制液压制动系统，液压制动系统的油压信号返给 D2P 控制器，D2P 控制器发出的转矩指令用于电机控制器控制电机转动。测功机用于维持台架转速稳定。

在本章实施的台架试验中，各系统部件之间通过信号连接、电气连接、机械连接和管路连接等方式相连。其中，信号连接既用于两个部件之间的数据交换，又能够将某一部件输出的控制指令输送至所控制的部件；电气连接主要用于电压、电流等电信号的输送；机械连接用于各动力元件之间的动力传递；管路连接用于制动液的输送。如图 6.6 所示，D2P 控制器与笔记本计算机 A、液压制动系统、调理驱动板、电机控制器等之间，调理驱动板与液压制动系统之间，以及转速转矩传感器与笔记本计算机 B 之间都采用信号连接方式；电机控制器与电机之间采用电气连接方式；电机、变速器、耦合器、转速转矩传感器、摩擦制动器、飞轮和测功机之间均采用机械连接方式；液压制动系统与摩擦制动器之间采用管路连接方式。

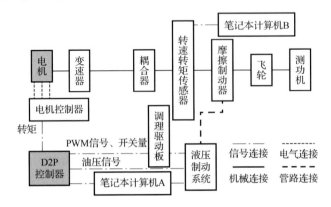

图 6.6　台架工作原理示意图

液压制动系统是台架试验中的关键子系统，其原理图如图 6.7 所示。

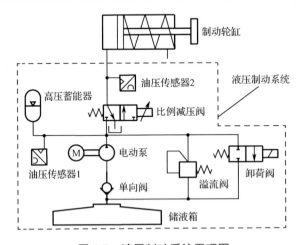

图 6.7　液压制动系统原理图

液压制动系统如图 6.7 中的虚线区域所示，它包括两个油压传感器、一个电动泵、一个比例减压阀、一个溢流阀、一个卸荷阀及高压蓄能器等。当该系统开始工作时，首先通过开关量控制电动泵使高压蓄能器储能，此时比例减压阀处于关闭状态，卸荷阀关闭，直至高压蓄能器的压力达到目标值。当该系统实施制动操作时，通过 PWM 信号对比例减压阀进行控制，此时液压油进入制动器液压缸推动其进行机械制动。轮缸压力可通过油压传感器 2 获得。当液压制动试验结束时，打开卸荷阀（通过开关量控制），使液压油流回储液箱。通过控制比例减压阀，可实现轮缸压力控制，但是需要对比例减压阀进行标定才能进行压力控制。由于比例减压阀占空比上升和下降的特性并非完全一致，需要分别对占空比上升过程和下降过程进行标定，标定结果参见图 6.8。

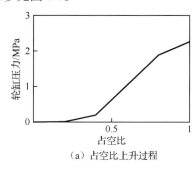

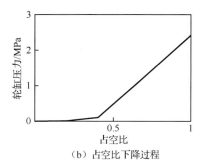

（a）占空比上升过程　　　　　　　　（b）占空比下降过程

图 6.8　比例减压阀占空比与压力的关系

图 6.8 所示的比例减压阀占空比与压力的关系是在高压蓄能器的压力为 2.43MP 的条件下测得的，经过测试，当高压蓄能器的压力为 2.43MPa 时，流量泄漏较小，因而采用 2.43MPa 作为高压蓄能器制动测试时的工作压力。图 6.8（a）显示了比例减压阀占空比从 0 上升至 1 的过程中轮缸压力的变化情况，图 6.8（b）显示了比例减压阀占空比从 1 下降至 0 的过程中轮缸压力的变化情况。通过比较这两者可知，比例减压阀占空比上升过程和下降过程的轮缸压力变化情况并不完全一致。

为了测量电机的制动力矩，需要分析台架的转矩耦合原理，在进行制动试验时，台架的转矩耦合原理如图 6.9 所示。转矩耦合发生在耦合器和摩擦制动器处。耦合器转矩方向为逆时针方向，耦合器提供的是阻力矩，包含变速器传递的制动力矩和泵、马达产生的负载转矩（图中未画出）。当液压制动系统工作时，摩擦制动器会产生制动力矩，其方向为逆时针方向。测功机转动方向为顺时针方向，产生顺时针方向的转矩，用于维持台架转速稳定。由图 6.9 可见，转速转矩传感器可测量耦合器的阻力矩，但无法直接测量电机的制动力矩。为了测量电机的制动力矩，需要测量电机不工作时耦合器的转矩，由于耦合器内有液压油，其转矩与转速有关，因而需要测量某一特定转速下的耦合器的转矩（空载转矩），其测量结果如图6.10所示。

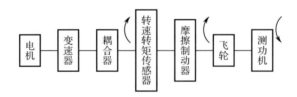

图6.9　台架的转矩耦合原理

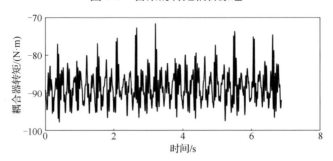

图6.10　耦合器转矩的测量结果

图6.10给出了耦合器在测功机转速为105r/min时的转矩，此时，泵和马达不工作，电机不上高压电（如果上高压，需要将电机使能信号改为stop，或使目标转速和转矩不同时为零，否则台架无法运转）。获取耦合器的空载转矩后，在进行电机制动试验时，可通过传感器实测转矩并经过相应换算获得电机制动力矩，即

$$T_{\mathrm{m}} = \frac{(T_{\mathrm{sensor}} - T_{\mathrm{coupler}})}{i_{\mathrm{tr}}\eta_{\mathrm{tr}}} \qquad (6.1)$$

式中，T_{m}为电机制动力矩（N·m）；T_{sensor}为传感器转矩（N·m）；T_{coupler}为耦合器转矩（N·m）；i_{tr}为变速器传动比，这里取3.81（I档）；η_{tr}为变速器效率，这里取0.98。

6.2.3　试验与结果分析

试验是验证控制策略有效性的重要手段，本章主要对第3章及第5章中的相关电机转矩和轮缸制动压力进行试验。基于当前试验台架，需要对仿真结果进行适当比例缩放，才能进行试验。这是因为采用原始仿真结果进行试验，会导致测功机堵转。电机转矩缩放因子均为0.403（通过试验确定），不同控制策略的轮缸制动压力缩放因子见表6.4。

表 6.4　不同控制策略的轮缸制动压力缩放因子

序　　号	类　　别	缩放因子
1	多阶段制动力分配策略的前轮轮缸制动压力	0.59
2	多阶段制动力分配策略的后轮轮缸制动压力	0.32
3	理想制动力分配策略的前轮轮缸制动压力	0.766
4	理想制动力分配策略的后轮轮缸制动压力	0.273
5	预测控制策略的前轮轮缸制动压力	0.766
6	预测控制策略的后轮轮缸制动压力	0.273
7	综合控制策略的前轮轮缸制动压力	0.404
8	双回路多阶段控制策略的前轮轮缸制动压力	0.364

表 6.4 中确定缩放因子的目的是使缩放后的轮缸制动压力小于高压蓄能器的工作压力。

试验开始前，首先要进行报文编写，报文编写与采用的控制器有关，不仅需要由原始报文根据相应规则进行转换，还需要注意数字量与物理量的转换。本章所用的报文采用 M 文件的形式进行编写，一帧报文编写一个 M 文件，编写完成后加载进 Simulink 模型中，如图 6.11 所示。

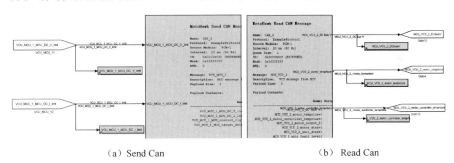

（a）Send Can　　　　　　　　　（b）Read Can

图 6.11　报文模型

电机工作前，上电顺序须正确，否则无法成功上电，具体过程如下：先上高压电，使预充接触线圈闭合，待电压达到一定数值后（此过程大约需要 1s），闭合主正接触线圈，完成上电。这样做的目的是防止直接闭合主正接触线圈造成电压突变，能够有效避免电源柜过流故障。

将第 3 章及第 5 章试验缩放后的仿真结果通过查表的形式导入 D2P 控制器中，试验测试界面如图 6.12 所示。

图 6.12 试验测试界面

如图 6.12 所示，转速转矩传感器采集界面用于采集耦合器输出轴的转矩，D2P 控制器操作及显示界面用于控制试验台架和观察试验过程，一旦发现异常，立即停止试验，以保证试验安全。开始试验前，将高压蓄能器的压力调到 2.43MPa。试验开始时，使测功机处于转速模式，并在试验过程中将其转速控制在 105r/min 左右。D2P 控制器按照缩放后的转矩/压力指令控制电机/比例减压阀。

第 3 章涉及的控制策略包括理想制动力分配、多阶段制动力分配和预测控制 3 种策略。理想制动力分配策略的测试结果包括传感器转矩测试结果、轮缸制动压力测试结果。

图 6.13 和图 6.14 分别给出了前、后电机在理想制动力分配策略下的测试结果，这里将有关前电机的转矩测试与有关后电机的转矩测试分开进行（因为台架只有一个永磁同步电机）。需要说明的是，图 6.13（b）和图 6.14（b）中的电机转矩试验值分别由其图 6.13（a）和图 6.14（b）中的数据通过式（6.1）换算得到。根据图 6.13（b）和图 6.14（b）中的放大部分可知，理想制动力分配策略下的前、后电机转矩试验值与仿真值基本吻合，表明有较好的控制效果。

图 6.15 给出了理想制动力分配策略下的轮缸制动压力测试结果。与电机转矩测试类似，因为台架只有一个轮缸，所以前、后轮的轮缸制动压力测试是分开进行的。图 6.15（a）给出了前轮轮缸制动压力的测试结果，从中可以看出前轮轮缸制动压力的试验值与仿真值很接近；图 6.15（b）给出了后轮轮缸制动压力的测试结果，从中可以看出后轮轮缸制动压力的试验值与仿真值变化一致。

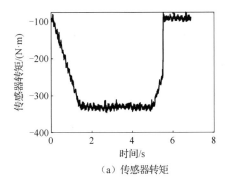

（a）传感器转矩

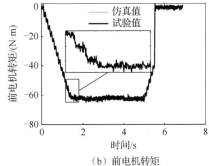

（b）前电机转矩

图 6.13　理想制动力分配策略下的前电机测试结果

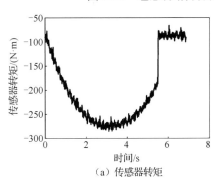

（a）传感器转矩

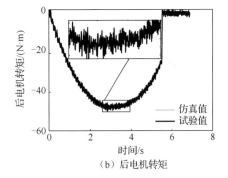

（b）后电机转矩

图 6.14　理想制动力分配策略下的后电机测试结果

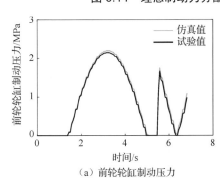

（a）前轮轮缸制动压力

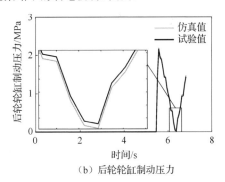

（b）后轮轮缸制动压力

图 6.15　理想制动力分配策略下的轮缸制动压力测试结果

图 6.16 和图 6.17 分别给出了前、后电机在多阶段制动力分配策略下的测试结果。与理想制动力分配策略类似，依旧将有关前电机的转矩测试与有关后电机的转矩测试分开进行。图 6.16（b）和图 6.17（b）中的电机转矩试验值分别由各自的图 6.16（a）和图 6.17（b）中的数据通过式（6.1）换算得到，下文中有关电机转矩的测试也是如此，不再赘述。根据图 6.16（b）和

图 6.17（b）中的放大部分可知，多阶段制动力分配策略下的前、后电机转矩试验值在仿真值附近波动。

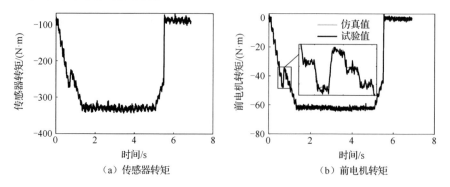

（a）传感器转矩 　　（b）前电机转矩

图 6.16　多阶段制动力分配策略下的前电机测试结果

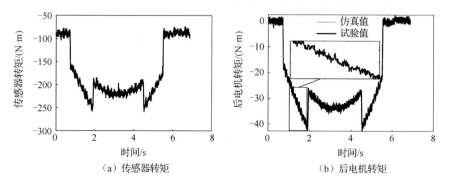

（a）传感器转矩 　　（b）后电机转矩

图 6.17　多阶段制动力分配策略下的后电机测试结果

图 6.18 给出了多阶段制动力分配策略下的轮缸制动压力测试结果。与理想制动力分配策略类似，前、后轮的轮缸制动压力测试也是分开进行的，下文中有关轮缸制动压力的测试也是如此，不再赘述。图 6.18（a）给出了前轮轮缸制动压力的测试结果，从中可以看出前轮轮缸制动压力的试验值略小于仿真值但很接近；图 6.18（b）给出了后轮轮缸制动压力的测试结果，从中可以看出后轮轮缸制动压力的试验值与仿真值很接近，但略有差别。

图 6.19 和图 6.20 分别给出了前、后电机在预测控制策略下的测试结果。根据图 6.19（b）和图 6.20（b）中的放大部分可知，预测控制策略下的前、后电机转矩试验值与仿真值很接近。

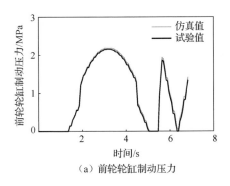

（a）前轮轮缸制动压力

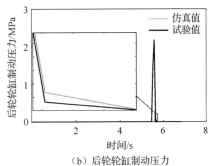

（b）后轮轮缸制动压力

图 6.18　多阶段制动力分配策略下的轮缸制动压力测试结果

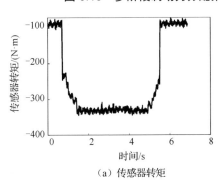

（a）传感器转矩

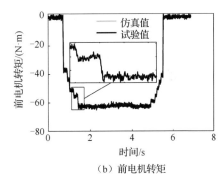

（b）前电机转矩

图 6.19　预测控制策略下的前电机测试结果

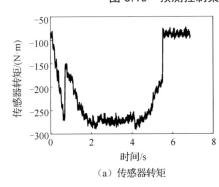

（a）传感器转矩

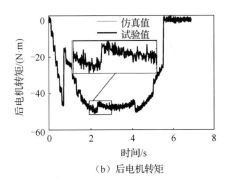

（b）后电机转矩

图 6.20　预测控制策略下的后电机测试结果

图 6.21 给出了预测控制策略下的轮缸制动压力测试结果。图 6.21（a）给出了前轮轮缸制动压力的测试结果，从中可以看出前轮轮缸制动压力的试验值略小于仿真值；图 6.21（b）给出了后轮轮缸制动压力的测试结果，从中可以看出后轮轮缸制动压力的试验值与仿真值的差别很小。

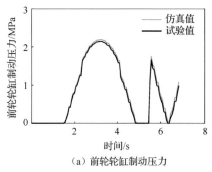

（a）前轮缸制动压力

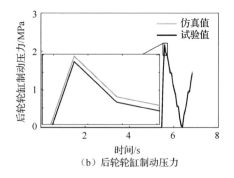

（b）后轮缸制动压力

图 6.21　预测控制策略下的轮缸制动压力测试结果

第 5 章涉及的控制策略包括双回路多阶段控制策略和综合控制策略，这两种策略均验证了电机转矩和轮缸制动压力的控制效果，但不对垂向运动进行验证（因为台架系统缺少与悬架相关的硬件）。

图 6.22 和图 6.23 分别给出了前、后电机在双回路多阶段控制策略下的测试结果。根据图 6.22（b）和图 6.23（b）中的放大部分可知，双回路多阶段控制策略下的前、后电机转矩试验值在仿真值附近波动，但波动幅度很小。

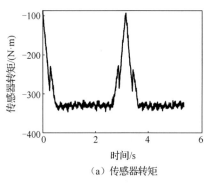

（a）传感器转矩

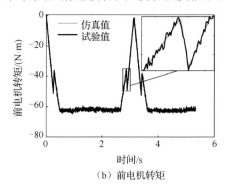

（b）前电机转矩

图 6.22　双回路多阶段控制策略下的前电机测试结果

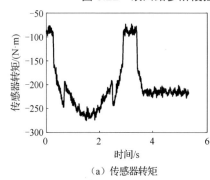

（a）传感器转矩

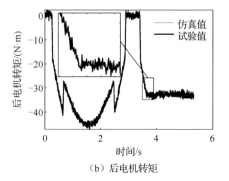

（b）后电机转矩

图 6.23　双回路多阶段控制策略下的后电机测试结果

图 6.24 和图 6.25 分别给出了前、后电机在综合控制策略下的测试结果。根据图 6.24（b）和图 6.25（b）中的放大部分可知，综合控制策略下的前、后电机转矩试验值在仿真值附近波动。

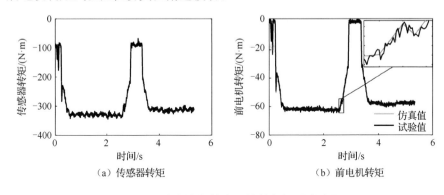

（a）传感器转矩　　　　　　　　　（b）前电机转矩

图 6.24　综合控制策略下的前电机测试结果

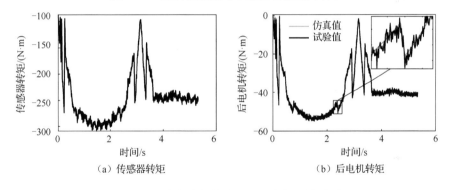

（a）传感器转矩　　　　　　　　　（b）后电机转矩

图 6.25　综合控制策略下的后电机测试结果

图 6.26 和 6.27 分别给出了双回路多阶段控制策略和综合控制策略下的前轮轮缸制动压力测试结果。由图 6.26 可以看出，双回路多阶段控制策略下的前轮轮缸制动压力试验值与仿真值非常接近。由图 6.27 可以看出，综合控制策略下的前轮轮缸制动压力试验值与仿真值的差别很小。

结合图 6.13、图 6.14、图 6.16、图 6.17、图 6.19、图 6.20 及图 6.22～图 6.25 可知，各种控制策略下的电机转矩能够较好地跟踪仿真结果，由图中的放大部分可知，试验值与仿真值吻合较好，其波动可能是由传感器噪声和耦合器空载阻力矩所造成的。结合图 6.15、图 6.18、图 6.21、图 6.26 及图 6.27 可知，各种控制策略下的轮缸制动压力能够较好地跟踪仿真结果，由图中的放大部分可知，试验值与仿真值的差别较小，出现差别的原因可能是液压系统存在泄漏。

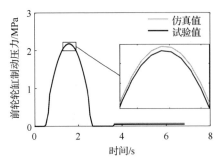

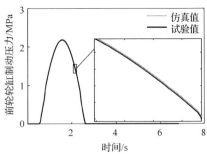

图 6.26　双回路多阶段控制策略下的
前轮轮缸制动压力测试结果

图 6.27　综合控制策略下的
前轮轮缸制动压力测试结果

6.3　小结

本章基于电液复合制动试验台，分析制动过程中台架的转矩耦合原理，并进行电机转矩和轮缸制动压力控制效果的测试，验证了预测控制策略和综合控制策略等的部分仿真结果，主要包括以下内容：

（1）分析台架的转矩耦合原理，制定电机转矩测试方案，标定轮缸制动压力与占空比的关系，为轮缸制动压力的精确控制提供数据支撑。

（2）通过耦合器空载试验，获取空载状态下的耦合器阻力矩，为获取电机制动力矩提供数据支撑。

（3）通过传感器数据结合台架转矩耦合原理间接测得电机转矩（缩放后），同时结合轮缸制动压力（缩放后）的测试结果，验证了电机转矩控制效果和轮缸制动压力控制效果。

第 7 章

总结与展望

7.1　回顾总结

本书针对四驱纯电动汽车设计初期因车辆整备质量未知而难以获取动力性指标约束的问题，研究了参数闭环优化设计方法，以提高参数设计的合理性；针对常规制动过程中的能量高效回收问题，研究了车辆纵向制动优化控制策略，以提高能量回收效率；针对车辆制动过程中车身俯仰运动导致乘坐舒适性变差的问题，研究了抑制车辆垂向运动的控制策略，以提高车辆的乘坐舒适性；为了同时提高车辆能量回收效率和乘坐舒适性，研究了车辆纵-垂综合控制策略。

本书完成的工作及得出的结论主要如下：

（1）提出一种参数优化设计方法。该方法包括质量闭环算法、动态规划和遗传算法。其中，质量闭环算法用于解决车辆整备质量未知情况下的车辆动力性指标约束问题，并证明了该算法的收敛性；动态规划用于获取特定工况下的能耗；遗传算法负责集成质量闭环算法和动态规划。相关仿真结果表明，根据给定的设计指标，该方法获取了合适的车辆整备质量和动力系统参数，为四驱纯电动汽车的参数设计提供了参考。

（2）提出一种包含自适应三次指数预测和两阶段动态规划的预测控制策略。自适应三次指数预测通过收集车辆的行驶信息（车速和制动强度），预测车辆未来行驶信息，为动态规划提供了参数支撑；动态规划结合自适应三次指数预测提供的车辆行驶信息获取控制参数控制车辆制动。与理想制动力分配策略和多阶段制动力分配策略相比，预测控制策略提高了车辆的能量回收效率。

（3）建立包含制动强度对车辆垂向运动影响的等效动力学半车模型，并以此为基础提出模型预测控制策略，采用李雅普诺夫稳定性方法证明了采用该策略的纵–垂综合控制系统的稳定性。该策略以前车身垂向速度、后车身垂向速度、前轮垂向速度和后轮垂向速度为控制目标，抑制车辆的垂向运动。与双回路控制策略相比，该策略的主要垂向运动指标数值均有较大幅度下降，验证了模型预测控制策略的优越性。

（4）为了同时提高车辆的乘坐舒适性和能量回收效率，建立车辆制动条件下的纵–垂耦合动力学模型，并以此为基础提出一种采用模型预测控制策略抑制车辆的垂向运动与采用神经模糊控制策略提高车辆的能量回收效率相结合的综合控制策略。为了获取神经模糊控制策略，提出了神经模糊优化框架。通过进行组合制动工况下的仿真，验证了综合控制策略能够提高车辆的能量回收效率和乘坐舒适性。

（5）基于电液复合制动试验台，分析了制动过程中台架的转矩耦合原理，并设计了试验方案，开展预测控制策略和综合控制策略等部分仿真结果的试验，验证了电机转矩和轮缸制动压力具有较好的跟随效果。

7.2　本书主要创新点

基于上述对四驱纯电动汽车的研究，本书的创新点主要如下：

（1）针对四驱纯电动汽车设计过程中因车辆整备质量未知而难以获取动力性指标约束的问题，提出了质量闭环算法，并证明了其收敛性。在此基础上，提出了四驱纯电动汽车参数闭环优化设计方法，通过动态规划获取车辆能耗，采用遗传算法集成动态规划和质量闭环算法，为车辆的参数设计提供了理论依据。

（2）针对车辆制动过程中的能量高效回收问题，提出了一种集成自适应三次指数预测和两阶段动态规划的预测控制策略。自适应三次指数预测充分挖掘了车辆的行驶信息（车速和制动强度），并为车辆的优化控制提供了参数支撑；动态规划利用自适应三次指数预测提供的车辆行驶信息（下一时刻的车速和制动强度）获得使能量回收量最大的控制参数，以提高车辆的能量回收效率。

（3）针对车辆制动过程中因纵向运动引起车身俯仰运动导致乘坐舒适性变差的问题，建立包含制动强度影响的等效动力学半车模型。在此基础上，

提出模型预测控制策略，并基于李雅普诺夫稳定性理论证明了模型预测控制系统的稳定性，较好地抑制了车辆的垂向运动。

7.3　研究展望

本书虽然取得了一定的研究成果，但有一些需要研究和完善之处，主要如下：

（1）由于试验条件有限，仅基于单电机制动台架进行了部分控制策略的仿真结果验证，尚未同时验证双电机和前、后轮缸同时工作的情形，并且缺少与悬架相关的硬件，下一步将搭建双电机制动试验台架和有关悬架的台架，进一步验证控制效果的有效性。

（2）本书仅考虑常规制动工况下的制动控制策略，未考虑紧急制动工况下的能量回收策略，可在以后的研究中进行探索。

（3）本书在进行垂向运动控制情形的研究时，是在假定状态变量可测的条件下进行的，在以后的研究中，可对不可测状态变量进行估计，设计抑制车辆垂向运动的控制策略。

（4）在进行车辆垂向运动研究时，仅考虑了制动强度对车身运动的影响，未考虑路面对车身运动的影响，可在以后的研究中将其考虑在内。

参考文献

[1] BONSU N O. Towards a circular and low-carbon economy: insights from the transitioning to electric vehicles and net zero economy[J]. Journal of Cleaner Production, 256(1): 120659.

[2] QIAO Q, ZHAO F, LIU Z, et al. Cradle-to-gate greenhouse gas emissions of battery electric and internal combustion engine vehicles in China[J]. Applied Energy, 2017, 204: 1399-1411.

[3] REQUIA W J, ADAMS M D, ARAIN A, et al. Carbon dioxide emissions of plug-in hybrid electric vehicles: a life-cycle analysis in eight Canadian cities[J]. Renewable & Sustainable Energy Reviews, 2017, 78(10): 1390-1396.

[4] United Nations Environment Programme. UN environment annual report 2017[R]. [S.l.]:[s.n.], 2017 .

[5] 欧阳明高. 我国节能与新能源汽车发展战略与对策[A]//重庆汽车工程学会. 西南汽车信息：2011 年下半年合刊[C]. 重庆：重庆汽车工程学会，2011:8.

[6] ALINK R, GERTEISEN D, OSZCIPOK M. Degradation effects in polymer electrolyte membrane fuel cell stacks by sub-zero operation—An in situ and ex situ analysis[J]. Journal of Power Sources, 2008, 182(1): 175-187.

[7] LI Z, KHAJEPOUR A, SONG J. A comprehensive review of the key technologies for pure electric vehicles[J]. Energy, 2019, 182: 824-839.

[8] ZHANG Z, DONG Y, HAN Y. Dynamic and control of electric vehicle in regenerative braking for driving safety and energy conservation[J]. Journal of Vibration Engineering & Technologies, 2020, 8: 179-197.

[9] MIN K, SIM G, AHN S, et al. Vehicle deceleration prediction model to reflect individual driver characteristics by online parameter learning for autonomous regenerative braking of electric vehicles[J]. Sensors, 2019, 19(19): 4171.

[10] 朱波，张靖岩，张农，等. 基于电动汽车制动效能一致性的并联式制动能量回收控制[J]. 汽车工程学报，2019, 9(5): 342-351.

[11] ZHANG J, LV C, GOU J, et al. Cooperative control of regenerative braking and hydraulic braking of an electrified passenger car[J]. Proceedings of the Institution of Mechanical Engineers, Part D: Journal of Automobile Engineering, 2012, 226 (10): 1289-1302.

[12] LIU T, ZHENG J, SU Y, et al. A study on control strategy of regenerative braking in the hydraulic hybrid vehicle based on ECE regulations[J]. Mathematical Problems in Engineering, 2013, 1-9.

[13] 赵国柱，杨正林，魏民祥，等. 基于 ECE 法规的电动汽车再生制动控制策略的建模与仿真[J]. 武汉理工大学学报：交通科学与工程版，2008(1): 153-156.

[14] 王润才，何仁，俞剑波，等. 基于遗传算法的插电式串联混合动力汽车动力参数优化[J]. 中国机械工程，2013, 24(18): 2544-2549.

[15] 张抗抗，徐梁飞，华剑锋，等. 基于多目标优化的纯电动车动力系统参数匹配方法[J]. 汽车工程，2015, 37(7): 757-765.

[16] 王飞，李磊磊. 纯电动汽车动力系统参数匹配与优化研究[J]. 农业装备与车辆工程，2020, 58(12): 93-97.

[17] 尹安东，谌文文，赵韩，等. 基于遗传算法的 ISG 混合动力汽车参数优化[J]. 汽车工程，2011, 33(10): 834-837.

[18] 郑锦汤，陈吉清，李玉忠. 多目标遗传算法的纯电动汽车动力系统参数优化[J]. 现代制造工程，2020, (6): 46-51.

[19] 郭孔辉，姜辉，张建伟. 电动汽车传动系统的匹配及优化[J]. 科学技术与工程，2010, 10(16): 3892-3896.

[20] 翟丽，孙逢春. 电动轿车机电传动系统的匹配计算与仿真[J]. 北京理工大学学报，2007, 27(10): 869-873.

[21] ANSELMA P G, HUO Y, ROELEVELD J, et al. Rapid optimal design of a multimode power split hybrid electric vehicle transmission[J]. Proceedings of the Institution of Mechanical Engineers, Part D: Journal of Automobile Engineering, 2019, 233(3):740-762 .

[22] 李燕，何怡刚. 基于萤火虫算法纯电动汽车参数匹配优化[J]. 系统仿真学报，2019, 31(4): 795-801.

[23] 黄欣，陈凌珊，程伟，等. 基于多目标遗传算法的增程式电动汽车动力系统参数匹配优化研究[J]. 计算机测量与控制，2015, 23(10): 3539-3542.

[24] DU J, OUYANG M, WANG H. Battery electric vehicle parameters design targeting to cost-benefit objective[C]// Vehicle Power & Propulsion Conference. [S.l]: IEEE, 2012.

[25] ROY H K, MCGORDON A, JENNINGS P A. A generalized powertrain design optimization methodology to reduce fuel economy variability in hybrid electric vehicles[J]. IEEE Transactions on Vehicular Technology, 2014, 63(3): 1055-1070.

[26] 秦大同，王禹寒，胡明辉. 考虑运行工况的纯电动汽车动力传动系统参数设计[J]. 重庆大学学报，2014(1): 7-14.

[27] 韩立金，刘辉，王伟达，等. 功率分流混合动力汽车参数匹配与优化研究[J]. 汽车工程，2014, 36(8): 904-910.

[28] 崔晓迪，提艳，瞿元. 非簧载质量和轮毂电机偏心对轮毂电机驱动电动汽车平顺性的影响[J]. 重庆理工大学学报（自然科学版），2021, 35(1): 50-57, 103.

[29] ALIRAMEZANI M, KHADEMNAHVI M, DELKHOSH M. Optimal energy management strategy of a hybrid electric vehicle considering engine noise[J]. Journal of Vibration and Control, 2018, 24(23): 5546-5555.

[30] 徐兴，陈特，陈龙，等. 分布式驱动电动汽车转矩节能优化分配[J]. 中国公路学报，2018, 31(5): 183-190.

[31] 卢东斌，欧阳明高，谷靖，等. 四轮驱动电动汽车永磁无刷轮毂电机转矩分配[J]. 清华大学学报（自然科学版），2012, 52(4): 451-456.

[32] 李军，朱亚洲，徐杨蛟，等. 混合动力汽车动力传动系统控制策略优化研究[J]. 机械设计与造，2014(3): 138-141.

[33] 秦大同，杨官龙，刘永刚，等. Plug-in 并联式单电机混合动力汽车能量管理优化控制策略[J]. 中国公路学报，2013, 26(5): 170-176.

[34] REZAEI A, BURL J B, ZHOU B, et al. A new real-time optimal energy management strategy for parallel hybrid electric vehicles[J]. IEEE Transactions on Control Systems Technology, 2019, 27(2): 830-837.

[35] SHABBIR W, EVANGELOU S A. Threshold-changing control strategy for series hybrid electric vehicles[J]. Applied Energy, 2019, 235: 761-775.

[36] 李聪波，朱道光，胡芮，等. 电动汽车两挡动力系统参数与控制策略集成优化[J]. 计算机集成制造系统，2019, 25(7): 1706-1716.

[37] 刘永刚，李杰，秦大同，等. 基于多工况优化算法的混合电动汽车参数优化[J]. 机械工程学报，2017, 53(16): 61-69.

[38] 詹森，秦大同，曾育平. 基于多循环工况的混合动力汽车参数优化研究[J]. 汽车工程，2016, 38(8): 922-928.

[39] JIANG X, HU J, JIA M, et al. Parameter matching and instantaneous power allocation for the hybrid energy storage system of pure electric vehicles[J]. Energies, 2018, 11(8): 1-18.

[40] 向楠，张向文.电动汽车再生制动模糊神经网络控制策略研究[J]. 电气传动，2020, 50(7): 86-91.

[41] 王骏骋，何仁. 轮毂电机电动汽车的变压充电再生制动控制[J]. 机械工程学报，2020, 56(10): 181-190.

[42] PASSALACQUA M, CARPITA M, GAVIN S, et al. Supercapacitor storage sizing analysis for a series hybrid vehicle [J]. Energies, 2019, 12(9): 15.

[43] PEI X F, PAN H, CHEN Z F, et al. Coordinated control strategy of electro-hydraulic braking for energy regeneration[J]. Control Engineering Practice, 2020, 96: 104324.

[44] ZHENG C H, LI W M, LIANG Q. An energy management strategy of hybrid energy storage systems for electric vehicle applications[J]. IEEE Transactions on Sustainable Energy, 2018, 9(4): 1880-1888.

[45] FENG Q S, LI H. Design of electric vehicle energy regenerative braking system based on super capacitor[J]. Applied Mechanics & Materials, 2012, 157: 149-153.

[46] 陈燎，曾令厚，盘朝奉，等. 用超级电容储能的电动车再生制动力控制[J]. 江苏大学学报（自然科学版），2014, 35(5): 508-512,517.

[47] MEYER R T, DECARLO R A, PEKAREK S. Hybrid model predictive power management of a battery-supercapacitor electric vehicle[J]. Asian Journal of Control, 2016, 18(1):150-165.

[48] BUDIJONO A P, SUTANTRA I N, PRAMONO A S. Ratchet flywheel regenerative system to enhance energy captured for electric vehicle[C]//AIP Conference Proceedings. [S.l.]: AIP Publishing LLC, 2019, 2187(1): 020040.

[49] LIU H W, LEI Y L, FU Y, et al. Multi-objective optimization study of regenerative braking control strategy for range-extended electric vehicle[J]. Applied Sciences, 2020, 10(5): 1789.

[50] YANG Y, HE Q, CHEN Y Z, et al. Efficiency optimization and control strategy of regenerative braking system with dual motor [J]. Energies, 2020, 13(3): 21.

[51] 杨璐, 谭迪. 分布式驱动电动汽车复合制动控制研究[J]. 机械科学与技术, 2021, 40(4): 619-626.

[52] LIU L J, JI F Z, YANG S C, et al. Control strategy for electro-mechanical braking based on curves of ECE regulations and ideal braking force[J]. Journal of Beijing University of Aeronautics and Astronautics, 2013, 39(1): 138-142.

[53] LI S, YU B, FENG X . Research on braking energy recovery strategy of electric vehicle based on ECE regulation and I curve[J]. Science Progress, 2019, 103(1).

[54] 刘得雄. 四轮驱动电动汽车制动意图识别与主动能量回收策略的研究[D]. 重庆: 西南大学, 2016.

[55] JI F Z, PAN Y, ZHOU Y, et al. Energy recovery based on pedal situation for regenerative braking system of electric vehicle[J]. Vehicle System Dynamics, 2020, 58(1): 144-173.

[56] KUMAR C S N, SUBRAMANIAN S C. Cooperative control of regenerative braking and friction braking for a hybrid electric vehicle[J]. Proceedings of the Institution of Mechanical Engineers, Part D: Journal of Automobile Engineering, 2016, 230(1): 103-116.

[57] KO J, KO S, SON H, et al. Development of brake system and regenerative braking cooperative control algorithm for automatic-transmission-based hybrid electric vehicles[J]. IEEE Transactions on Vehicular Technology, 2015, 64(2): 431-440.

[58] LIU Z Q, LU S, DU R H. A genetic-fuzzy control method for regenerative braking in electric vehicle [J]. International Journal of Computing Science and Mathematics, 2020, 11(3): 263-77.

[59] 王昊. 基于模糊控制的再生制动策略研究[D]. 安徽: 合肥工业大

学，2018.

[60] HE H W, WANG C, JIA H, et al. An intelligent braking system composed single-pedal and multi-objective optimization neural network braking control strategies for electric vehicle[J]. Applied Energy, 2020, 259: 114172.

[61] PEI X F, PAN H, CHEN Z F, et al. Coordinated control strategy of electro-hydraulic braking for energy regeneration [J]. Control Engineering Practice, 2020, 96(6): 104324.

[62] PAN H, GUO X, PEI X, et al. Research on regenerative braking control strategy of distributed EV based on braking intention[R]. SAE Technical Paper, 2018. DOI:10.4271/2018-01-1342

[63] PAUL D, VELENIS E, CAO D P, et al. Optimal μ-estimation-based regenerative braking strategy for an AWD HEV[J]. IEEE Transactions on Transportation Electrification, 2017, 3(1): 249-58.

[64] KARIM A K, JAVADI A, JAHED-MOTLAGH M R. Robust H ∞ control of an active suspension system with actuator time delay by predictor feedback[J]. IET Control Theory & Applications, 2018, 12(7): 1012-1023.

[65] KUMAR V, RANA K P S, KUMAR J, et al. Self-tuned robust fractional order fuzzy PD controller for uncertain and nonlinear active suspension system[J]. Neural Computing & Applications, 2018, 30: 1827-1843.

[66] 王秀梅，张庆涛，王雨. 采用混合算法优化车辆被动悬架参数及仿真[J]. 中国工程机械学报，2019, 17(1): 24-28.

[67] LIU W, WANG R, DING R, et al. On-line estimation of road profile in semi-active suspension based on unsprung mass acceleration[J]. Mechanical Systems and Signal Processing, 2020, 135: 106370.

[68] 潘成龙，荣吉利，项大林，等. 9 自由度主动悬架平顺性研究[J]. 北京理工大学学报，2019, 39(10): 1012-1017.

[69] LI P, LAM J, CHEUNG K C. Motion-based active disturbance rejection control for a non-linear full-car suspension system[J]. Proceedings of the Institution of Mechanical Engineers, Part D: Journal of Automobile Engineering, 2018, 232(5): 616-631.

[70] TANG G Y, LIN H, SU H. Decoupling vibration control for active suspension systems[C]// 2017 29th Chinese Control and Decision Conference

(CCDC). Piscataway: IEEE, 2017.

[71] SHAHID Y, WEI M. Comparative analysis of different model-based controllers using active vehicle suspension system[J]. Algorithms, 2019, 13(1): 10.

[72] THEUNISSEN J, SORNIOTTI, GRUBER P, et al. Regionless explicit model predictive control of active suspension systems with preview[J]. IEEE Transactions on Industrial Electronics, 2019, 67(6): 4877-4888.

[73] WU H, ZHENG L, LI Y, et al. Robust control for active suspension of hub-driven electric vehicles subject to in-wheel motor magnetic force oscillation[J]. Applied Sciences, 2020, 10(11): 3929.

[74] ZHOU C, LIU X, CHEN W, et al. Optimal sliding mode control for an active suspension system based on a genetic algorithm[J]. Algorithms, 2018, 11(12): 205.

[75] ATTIA T, VAMVOUDAKIS K G, KOCHERSBERGER K, et al. Simultaneous dynamic system estimation and optimal control of vehicle active suspension[J]. Vehicle System Dynamics, 2019, 57(10): 1467-1493.

[76] SOH M, JANG H, PARK J,et al. Development of preview active suspension control system and performance limit analysis by trajectory optimization[J]. International Journal of Automotive Technology, 2018, 19(6): 1001-1012.

[77] HUA C, CHEN J, LI Y, et al. Adaptive prescribed performance control of half-car active suspension system with unknown dead-zone input[J]. Mechanical Systems and Signal Processing, 2018, 111: 135-148.

[78] 李荣，焦晓红，杨超. 基于动态输出反馈的半车主动悬架系统鲁棒控制[J]. 振动与冲击，2014(7): 187-193.

[79] SAM Y M, OSMAN J H S, GHANI M R A. A class of proportional-integral sliding mode control with application to active suspension system[J]. Systems & Control Letters, 2004, 51(3-4), 217-223.

[80] MIN X, LI Y, TONG S. Adaptive fuzzy output feedback inverse optimal control for vehicle active suspension systems[J]. Neurocomputing, 2020, 403: 257-267.

[81] YAGIZ N, HACIOGLU Y. Backstepping control of a vehicle with active suspensions[J]. Control Engineering Practice, 2008, 16(12): 1457-1467.

[82] SUN W, ZHAO Y, LI J, et al. Active suspension control with frequency

band constraints and actuator input delay[J]. IEEE Transactions on Industrial Electronics, 2011, 59(1): 530-537.

[83] DU M, ZHAO D, YANG B, et al. Terminal sliding mode control for full vehicle active suspension systems[J]. Journal of Mechanical Science and Technology, 2018, 32(6): 2851-2866.

[84] ZHENG X, ZHANG H, YAN H, et al. Active full-vehicle suspension control via cloud-aided adaptive backstepping approach[J]. IEEE transactions on cybernetics, 2019, 50(7): 3113-3124..

[85] FANG Z, SHU W, DU D, et al. Semi-active suspension of a full-vehicle model based on double-loop control[J]. Procedia Engineering, 2011, 16:428-437.

[86] YOSHIMURA T, KURIMOTO M, et al. Construction of an active suspension system of a quarter car model using the concept of sliding mode control[J]. Journal of Sound and Vibration, 2001, 239(2): 187-199.

[87] YAGIZ N, HACIOGLU Y. Backstepping control of a vehicle with active suspensions[J]. Control Engineering Practice, 2008, 16(12): 1457-1467.

[88] 纪仁杰，方明霞，李佩琳，等. 含时滞悬架系统 H∞控制的理论与实验研究[J]. 汽车工程，2020, 42(3): 339-344+352.

[89] LU R, XU Y, ZHANG R. A new design of model predictive tracking control for networked control system under random packet loss and uncertainties[J]. IEEE Transactions on Industrial Electronics, 2016, 63(11): 6999-7007.

[90] PAN H, SUN W, JING X, et al. Adaptive tracking control for active suspension systems with non-ideal actuators[J]. Journal of Sound and Vibration, 2017, 399: 2-20.

[91] LI H, JING X, LAM H, et al. Fuzzy sampled-data control for uncertain vehicle suspension systems[J]. IEEE Transactions on Cybernetics, 2017, 44(7): 1111-1126.

[92] ZHANG Y, LIU Y, LIU L. Minimal learning parameters-based adaptive neural control for vehicle active suspensions with input saturation[J]. Neurocomputing, 2020, 396: 153-161..

[93] LI H, YU J, HILTON C, et al. Adaptive sliding-mode control for nonlinear active suspension vehicle systems using T-S fuzzy approach[J]. Industrial

Electronics, IEEE Transactions on, 2013, 60(8): 3328-3338.

[94] NA J, HUANG Y, WU X, et al. Adaptive finite-time fuzzy control of nonlinear active suspension systems with input delay[J]. IEEE Transactions on Cybernetics, 2019: 1-12.

[95] YAO X, YANG Y, SU M. A novel adaptive actuator failure compensation scheme based on multi-design integration for half-car active suspension system[J]. Advances in Mechanical Engineering, 2019, 11(12).

[96] LIU Y J, ZENG Q, TONG S, et al. Actuator failure compensation-based adaptive control of active suspension systems with prescribed performance[J]. IEEE Transactions on Industrial Electronics, 2019, 67(8): 7044-7053.

[97] LI W, DU H, LI W. Four-wheel electric braking system configuration with new braking torque distribution strategy for improving energy recovery efficiency[J]. IEEE Transactions on Intelligent Transportation Systems, 2019, 21(1):87-103.

[98] ZHANG J, SUN W, LIU Z, et al. Comfort braking control for brake-by-wire vehicles[J]. Mechanical Systems and Signal Processing, 2019, 133: 106255.

[99] POUSSOT-VASSAL C, SENAME O, DUGARD L, et al. Attitude and handling improvements through gain-scheduled suspensions and brakes control [J]. Control Engineering Practice, 2011, 19(3): 252-263.

[100] 徐广徽. 轮边驱动电动车平顺性和操稳性分析与控制研究[D]. 重庆: 重庆大学, 2014.

[101] MONTAZERI-GH M, SOLEYMANI M, HASHEMI S. Impact of traffic conditions on the active suspension energy regeneration in hybrid electric vehicles[J]. IEEE Transactions on Industrial Electronics, 2012, 60(10): 4546-4553.

[102] MONTAZERI-GH M, SOLEYMANI M. Investigation of the energy regeneration of active suspension system in hybrid electric vehicles[J]. IEEE Transactions on Industrial Electronics, 2009, 57(3): 918-925.

[103] SHI D, PISU P, CHEN L, et al. Control design and fuel economy investigation of power split HEV with energy regeneration of suspension[J]. Applied Energy, 2016, 182: 576-589.

[104] ZHANG G, CAO J, YU F. Design of active and energy-regenerative controllers for DC-motor-based suspension[J]. Mechatronics, 2012, 22(8): 1124-1134.

[105] ANDRÉS E. R, NIEDERKOFLER H, WILLBERGER. Comfort and safety enhancement of passenger vehicles with in-wheel motors[J]. SAE Technical Papers, 2010. DOI:10.4271/2010-01-1146.

[106] 张雷，赵宪华，王震坡. 四轮轮毂电机独立驱动电动汽车轨迹跟踪与横摆稳定性协调控制研究[J].汽车工程，2020, 42(11): 1513-1521.

[107] 陈磊，李洪章. 永磁同步电动机的结构特点分析[J]. 电站系统工程，2011, 27(4): 1-34.

[108] 郑旭，郭汾. 动力电池模型综述[J]. 电源技术，2019, 43(3): 521-524.

[109] 李光远,马彦. 锂离子电池电化学建模及其简化方法[J]. 吉林大学学报（信息科学版），2018, 36(3): 260-268.

[110] 罗禹贡，李蓬，金达锋，等. 基于最优控制理论的制动能量回收策略研究[J]. 汽车工程，2006, 28(4): 356-360.

[111] RUŽINSKAS A, SIVILEVIČIUS H. Magic formula tyre model application for a tyre-ice interaction[J]. Procedia Engineering, 2017, 187: 335-341.

[112] 王国权，王森，刘华勇，等. 基于自适应的动态三次指数平滑法的风电场风速预测[J]. 电力系统保护与控制，2014, 42(15): 117-122.

[113] 王晓东. 计算机算法设计与分析[M]. 4 版. 北京：电子工业出版社，2012.

[114] 王喆. 电传动履带车辆机电联合制动控制策略与试验技术研究[D]. 杭州：浙江大学，2019.

[115] 卢少波. 汽车底盘关键子系统及其综合控制策略研究[D]. 重庆：重庆大学，2009.

[116] WANG L. Model predictive control system design and implementation using MATLAB[M]. London: Springer, 2009.

[117] KELLY R, HABER R, HABER-GUERRA R E, et al. Lyapunov stable control of robot manipulators: a fuzzy self-tuning procedure[J]. Intelligent Automation & Soft Computing, 1999, 5(4): 313-326.

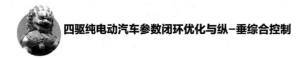
[118] TURKER T, BUYUKKELES U, BAKAN A F. A robust predictive current controller for PMSM drives[J]. IEEE Transactions on Industrial Electronics, 2016, 63(6): 3906-3914.

[119] CROLLA D A, CAO D. Cao D. The impact of hybrid and electric powertrains on vehicle dynamics, control systems and energy regeneration[J]. Vehicle System Dynamics, 2012, 50(1): 95-109.

[120] WANG R, XIE J, YE Q, et al. Modeling and experimental study of active suspension with linear motor[J]. Automotive Engineering, 2016, 38(4): 495-499.